실행이
답이다

행동과 실천의 심리학

실행이 답이다

이민규 지음

더난출판

실행이 답이다

초판 1쇄 발행 2011년 2월 21일
초판 33쇄 발행 2019년 7월 19일
2판 1쇄(리커버링) 발행 2019년 9월 6일
2판 17쇄(리커버링) 발행 2024년 10월 30일

지은이 이민규
펴낸이 신경렬

상무 강용구
기획편집부 이다희 신유미
마케팅 최성은
디자인 신나은
경영지원 김정숙 김윤하

펴낸곳 (주)더난콘텐츠그룹
출판등록 2011년 6월 2일 제2011-000158호
주소 04043 서울시 마포구 양화로 12길 16, 7층(서교동, 더난빌딩)
전화 (02)325-2525 | **팩스** (02)325-9007
이메일 book@thenanbiz.com | **홈페이지** www.thenanbiz.com

ISBN 978-89-8405-970-2 03320

:
:

지금 여기서 행하는

이 작은 실천이

얼마나 큰일로 이어질지는

아무도 모른다

:
:

프롤로그 의지력을 탓하지 말고 지렛대를 찾아보자

> 내게 충분히 긴 지렛대를 달라. 지구라도 들어 보이겠다
> — 아르키메데스

크게 성공한 사람들을 보며 이런 생각을 할 때가 있다. '저렇게 평범한 사람이 어떻게⋯⋯.' 예상외로 큰일을 해낸 친구의 소식을 듣고 이렇게 자문할 때도 있다. "아니, 그 친구가 어떻게 그런 일을?"

그러나 조금만 깊이 들여다보면 그들에겐 평범한 사람들과 구별되는 작은 차이가 있다. 남들이 생각만 하고 있는 것을 행동으로 옮겨 실천했다는 것이다.

우리도 수천 가지의 좋은 생각을 가지고 있다

⋯⋯⋯⋯⋯⋯⋯⋯⋯⋯⋯⋯⋯⋯⋯⋯⋯⋯⋯ 생각만으로 헬렌 켈러나 테레사 수녀가 그처럼 위대한 족적을 남길 수 있었을까? 아이디어만으로 스티브 잡스나 빌 게이츠가 최고의 CEO가 될 수 있었을까? 그들이

위대한 이유는 그들의 지식이나 아이디어가 남달라서가 아니라 그들의 실천 때문이다. 99%의 평범한 사람들 역시 수천 가지의 좋은 생각을 가지고 있다. 그러나 그들은 실천하지 않는다. 반면 1%의 특별한 사람들은 다르다. 그들은 생각을 반드시 행동으로 옮긴다.

'이번에는 꼭 5등 안에 들 거야.' '더 이상 다투지 말고 화목하게 지내야지.' '성공해서 남다른 삶을 살고 싶어.' 이처럼 더 나아지기를 원하면서도 늘 그 자리에 머물고 있는 사람들이 많다. 공부를 못하는 학생과 잘하는 학생, 불행한 사람과 행복한 사람, 실패한 사람과 성공한 사람, 그 차이는 도대체 어디서 나오는 것일까? 바로 실행력에서 나온다. 원하는 것이 달라서가 아니다. 실행 여부가 다르기 때문이다.

타고난 재능으로 세간의 주목을 받던 영재 중에는 어른이 되고 나서 평범한 범재凡才로 살아가는 사람이 많다. 재테크 공부는 많이 하는데 부자가 되지 못하는 사람들도 부지기수다. 기획력은 뛰어난데 성과를 내지 못하는 조직 역시 널려 있다. 그들에겐 딱 하나가 부족하다. 역시 실행력이다.

성과 = 역량 × 실행

인간관계든 비즈니스든 모든 성과는 반드시 '역량'에 '실행'을 곱한 값으로 결정된다. 여기서 역량이란 마음속에 간직하고 있는 사랑

일 수도 있고 개인의 재능이나 지식 또는 창의성이나 조직의 혁신전략일 수도 있다. 자녀에 대한 사랑이 아무리 가득해도 그걸 제대로 표현하지 못한다면 관계가 개선되지 않고, 지식이나 아이디어가 아무리 뛰어나도 실행력이 0점이라면 성과 역시 제로가 된다. 모든 위대한 성취는 반드시 실행함으로써 이루어지며, 실행하지 않으면 아무 것도 이룰 수 없다.

실행력도 스킬이다

우리는 매일 새로운 결심을 한다. '아침운동을 시작해야지' '나쁜 버릇을 고쳐야지'와 같은 생활 속의 작은 결심에서부터 '10년 후에는 CEO가 될 거야' 같은 큰 결심에 이르기까지 수많은 결심을 반복한다. 그러나 이들 중 대부분은 작심삼일로 끝나거나 용두사미로 흐지부지되고 만다. 그러면 우리는 한숨을 쉬며 이렇게 자책한다. "나는 왜 항상 이 모양일까?"

실행력은 곧 의지력이며, 의지력은 타고나는 자질이라고 생각하는 사람이 많다. 그래서 결심을 작심삼일로 중도포기하고 난 후 스스로를 '의지박약자'라고 책망하는 사람들이 많다. 하지만 그건 틀린 생각이다. 실행력은 타고난 자질이 아니라 배우고 연습하면 누구나 개발할 수 있는 일종의 기술Skill이다. 실행력이 부족한 것은 의지력의 문제가 아니라 아직 효과적인 방법을 배우지 못했기 때문이다. 왜 피아노를 치지 못하고, 왜 운전을 하지 못할까? 배우고 연습하지 않았기 때문이다. 다행인 것은 실행력도 피아노 연주나 운전처럼 일종의 기술이라는 것이다. 그러니까 실행력이 부족하면 실천 노하우를 공부하고 연습하면 된다.

평소에 나는 늘 어떤 자연법칙에 따라 저주를 받아 기계를 잘 다루지 못하는 특질이 선천적으로 유전된 것이 아닌가 생각했다. 그런데 서른일곱 살이 끝나가던 어느 봄날, 산책을 하던 중 이웃 남자가 풀 깎는 기계를 수리하고 있는 것을 보았다. 나는 경외감을 갖고 그와 인사했다. "참으로 대단하십니다. 나는 그런 종류의 일은 하나도 할 줄 모르는데!" 그런데 그 이웃은 내 말이 끝나자마자 퉁명스럽게 쏘아붙이는 것이었다. "그건 시간을 들여 해보려고 하지 않기 때문이죠, 뭐." 마치 도사처럼 명쾌한 그의 대답에 나는 아무 말도 하지 못하고 묵묵히 산보를 계속했다.

– 스캇 펙, 《아직도 가야 할 길》 중에서

실천력이 뛰어난 사람들, 그래서 남다른 성과를 올리는 사람들에게는 원하는 것이 명확하고, 생각을 행동으로 쉽게 옮기게 해주는 지렛대를 갖고 있다는 공통점이 있다.

연초마다 반복되는 작심삼일 습관에서 벗어나고 싶은가? 아이들에게 실천력을 키워주고 싶은가? 직원들에게 실행력을 높여주고 싶은가? 그렇다면 스스로 의지박약이라고 자책하지 말자. 인내심이 없다며 아이들을 지나치게 야단치지 말자. 실행력이 부족하다고 직원들을 너무 다그치지 말자. 대신 실천력이 뛰어난 사람들이 가지고 있는 실천 노하우를 찾아보자. 그리고 그들에게 지렛대를 건네주면서 사용방법을 알려주자.

우리와 별반 다르지 않은 사람들이, 어느 날 우리와 완전히 다른 세계에 살고 있다면 그들이 우리와 다른 결심을 하고 우리가 생각만 하고 있는 것을 실천했기 때문이다. 우리가 시도했다 그만둔 것을 그들은 계속했기 때문이다. 실행력은 '결심-실천-유지'라는 3단계를 포함하며, 탁월한 실천가가 되려면 이 3단계에 적용되는 효과적인 지렛대를 갖고 있어야 한다. 생각을 성과로 만들어내기 위해서는 반드시 이 3단계를 거쳐야 하기 때문이다.

이 책은 결심, 실천, 유지의 3장으로 구성되어 있으며 각 단계별

로 실행력을 높일 수 있는 방법들을 소개한다. 각각의 주제에서는 먼저 실천과 관련된 문제 사례를 소개하고 실천을 방해하는 심리학적인 문제를 분석한 다음 독자들과 함께 그에 대한 해결책을 모색해본다.

모든 주제의 말미에는 독자들이 책을 읽고 느끼는 것에 그치지 않고 곧바로 실천에 옮길 수 있도록 〈Stop, Think & Action〉 코너를 마련했다. 아무리 많은 책을 읽고 아무리 남다른 아이디어를 갖고 있어도 실천하지 않으면 아무 소용이 없다. 평범한 사람과 성공한 사람의 차이는 지식이 아니라 실천에 있고, 성공한 기업과 그렇지 못한 기업의 차이는 전략이 아니라 실행에 있다. 개인이든 조직이든 실행력이야말로 진정한 경쟁력이다.

질문하는 자는 답을 피할 수 없다

.... 이 책을 읽는 독자들에게 몇 가지 당부하고 싶은 말이 있다. 우선, 소중한 시간을 투자해 책을 읽기로 했다면 수동적인 태도가 아니라 적극적인 자세로 읽기를 부탁한다. 적극적인 자세로 읽으려면 저자가 써놓은 내용을 '그냥' 읽는 것이 아니라 간간이 스스로에게 다음과 같은 질문을 하면서 읽어

야 한다. '나는 왜 이 책을 읽어야만 하는가?' '이 책을 통해 얻으려고 하는 것은 무엇인가?' '그것을 인간관계나 비즈니스에 어떻게 활용할 것인가?' 이렇게 질문을 해야 답을 찾게 되고, 남다른 질문을 해야 남다른 답을 얻을 수 있다. 질문은 언제나 답보다 중요하고, 질문하는 자는 답을 피할 수 없다.

적극적으로 책을 읽는 또 한 가지 방법은 지금까지의 독서 패러다임을 바꾸는 것이다. 만약 지금껏 독자의 입장에서만 책을 읽어왔다면 이 책은 자신이 책을 쓰는 저자라고 상상하면서 읽어보자. 늘 학습자의 입장에서 책을 읽어왔다면 이번에는 교육자의 입장에서 누군가를 가르치기 위해 읽는다고 생각해보자. 그렇게 하면 이전과는 다른 것을 보게 될 것이고 그로 인해 이전보다 훨씬 더 많은 것을 얻게 될 것이다. 관점이 바뀌면 보이는 것이 달라지고, 보이는 것이 달라지면 얻는 것도 달라진다.

책을 읽을 때, 남의 책을 빌려볼 때처럼 깨끗하게 보는 사람들이 많다. 이 책을 읽을 때는 반드시 펜을 들고 읽어줬으면 좋겠다. 새겨둘 내용이 눈에 띄면 형광펜으로 색칠을 해두거나 밑줄을 '쭈—욱' 그어놓자. 인상적인 부분이 있으면 별표(★)나 느낌표(!) 등 온갖 부호들을 동원해 느낌의 강도를 확실하게 남겨두자.

쉽게 읽히지 않거나 이해가 안 가는 부분에는 '의문부호(?)' 등을 표시하고 나중에 다시 한번 읽어보자. 만약, 틀렸다고 생각되는 부분이 있으면 과감하게 ‘×’표를 ‘쫙쫙’ 긋고 그보다 더 좋은 대안을 찾아내 여백에 적어두자. 그렇게 하면 남이 쓴 책을 읽는 것이 아니라 공동저자로서 자신이 쓴 책을 읽는 기쁨을 맛보게 될 것이다.

이 책은 실천에 관한 이론서가 아니다. 따라서 차례에 따라 순서대로 읽어도 좋지만 끝에서부터 읽어도 좋고, 눈길 닿는 대로 아무 데서나 읽어도 좋다. 한 번에 ‘주—욱’ 다 읽어버리는 것도 좋지만 시간날 때마다 한 주제씩 읽는 것도 좋다. 단지 어떤 경우든 간간이 읽기를 멈추고 자신이 남긴 흔적을 중심으로 그동안 읽었던 부분을 다시 한번 훑어보자. 주제마다 그날 바로 실천할 수 있는 작은 일 한 가지를 찾아내자. 그리고 그날 밤 12시가 되기 전에 실천에 옮겨보자.

실행은 자기의 재능에 대한 자신감을 키우는 가장 효과적인 방법이고 원하는 것을 얻게 해주는 유일한 수단이다. 독자 여러분 모두가 이 책을 통해 ‘현재의 이곳’에서 ‘원하는 그곳’으로 건너갈 수 있는 다리를 놓을 수 있기를 간절히 소망한다.

2011년을 시작하며
먼내골에서 이민규

3장 유지 Maintaining Habit

끝까지 포기하지 말라

성공의 첫 단계는

원하는 것이 무엇인지

명확하게 결정하는 것이다.

1장

결심

Decision Making

목적지를 확실히 정하라

로드맵을 그려보라
지름길이 보인다

어디로 가고 있는지 모른다면, 우리는 결국 전혀 다른 곳에 도착할 것이다
– 로버트 W. 올슨

"어떤 강의에서 세계적인 자기계발 컨설턴트에 관한 이야기를 들었습니다. 그는 성공비결을 묻는 세일즈맨을 외제차 대리점으로 데리고 가서 최고급 차 옆에서 포즈를 취한 사진을 찍어주며 이렇게 말한다고 합니다. '매일 이 사진을 보면서 이 차의 주인이 된 모습을 생생하게 상상하십시오. 그러면 그렇게 될 수 있습니다.' 우리 회사 성공사례 발표장에서도 비슷한 이야기들을 많이 듣습니다. 그래서 저도 비전을 갖고 날마다 제가 성공한 모습을 생생하게 상상하고 있습니다. 그런데 아무리 간절히 원하고 생생하게 그려봐도 도무지 사정이 나아질 기미가 보이지 않습니다. 도대체 뭐가 문제일까요?"

– 판매실적 부진에 시달리는 40대 세일즈맨

간절히 원하고 생생하게 상상하면
무조건 현실이 된다?

　　　　　　　　　'간절히 원하면 이루어진다' '생생하게 상상하면 꿈이 현실로 바뀐다'는 말은 오래전부터 자기계발 서적에서 주장하는 단골메뉴이자 이 분야의 강사들이 만고불변의 법칙처럼 입에 침을 튀기면서 강조하는 것들이다. 그런데 이런 말을 철석같이 믿는 사람들에겐 미안한 일이지만 한 가지 나쁜 소식을 전하지 않을 수 없다. 안타깝게도, 많은 경우 그건 사실이 아니라는 것이다.

　'간절히 원하고 생생하게 상상만 해도 꿈이 이루어진다'는 식의 긍정적인 자기최면은 실제로는 생각보다 효과가 없으며 오히려 목표를 달성하는 데 장애가 될 수도 있다. 심리학자 리엔 팜Lien Pham은 한 집단의 대학생들에게 중간고사에서 높은 점수를 받는 장면을 "매일 생생하게 상상하라"고 하고 그런 요청을 하지 않은 대조집단과 비교했다. 연구결과, 예상과는 달리 높은 점수를 받는 것을 상상했던 학생들이 그렇지 않은 학생들보다 오히려 공부시간도 적고 성적도 더 낮은 것으로 나타났다.

　사실, 간절히 원하면 반드시 이루어진다거나 생생하게 상상하면 뭐든 이룰 수 있다고 철석같이 믿는 사람들 중에 크게 실패한 사람들이 의외로 많다. 2002년 노벨 경제학상을 받은 프린스턴 대학의 대니얼 카너먼Daniel Kahneman 교수는 그 이유를 지나친 자신감으로 인해 비합리적으로 거창한 계획을 세우게 되어 결과적으로 '계획오류Planning Fallacy'에 빠지기 때문이라고 지적했다.

펜실베이니아 대학의 가브리엘레 외팅겐Gabriele Oettingen 교수는 다이어트 프로그램에 참여한 여성들을 대상으로, 음식에 대한 욕구를 통제할 수 있다고 믿는 집단(긍정적 상상)과 그렇지 않은 집단(부정적 상상)을 비교했다. 이들을 1년 동안 추적한 결과, 뜻밖에도 부정적으로 상상한 집단이 긍정적으로 상상한 집단에 비해 체중을 평균 12킬로그램이나 더 감량한 것으로 나타났다. 외팅겐은 또 다른 연구로 2년 동안 대학생들을 추적해보니, 자기가 원하는 직장에서 일하고 있는 모습을 자주 상상했던 학생들이 그렇지 않은 학생들에 비해 취업률이 더 낮고 보수도 더 적다는 사실을 확인했다.

왜 이런 결과가 나왔을까? 몇 가지 이유가 있다. 낙관적인 생각은 목표달성 과정에서 겪을 수 있는 난관을 예측하고 그에 대한 대비책을 세우는 것을 오히려 방해할 수 있기 때문이다. 장밋빛 미래를 '상상만' 하는 사람들은 성공에 이르는 과정에서 더 쉽게 좌절할 수 있고 상상 속으로 도피할 가능성이 더 많다. 이런 연구결과들을 보면 의기양양하던 친구가 엄살떠는 친구에 비해 어째서 성적이 더 나빴는지, 비즈니스나 인간관계에서 자신감이 넘쳤던 사람들이 의외로 실패하는 경우가 왜 더 많은지 이해할 수 있다.

상담을 하다 보면 지나치게 상상 속에 빠져들어 오히려 현실에 적응하지 못하는 사람들을 많이 만나게 된다. 이상형만 고집하다 좋은 인연을 모두 떠나보내는 사람, 가능성이 없는 사업에 대한 장밋빛 환상으로 가산을 모두 날린 사업가, 대박의 꿈에 빠져 패가망신한 도박꾼도 많다. 심지어 지나치게 비현실적인 상상에 도취되어 망상과 환각 증세를 보이는 환자들도 있다. 그들 모두는 원하는 것을 생생하게 상상했다. 간절히 원했다. 그러나 그게 전부였다.

꿈에 이르는 길을 찾아내고 플랜 B를 마련하자

긍정적 자기최면이 설득력을 갖고 사람들의 마음속에 깊이 파고드는 데는 몇 가지 이유가 있다. 첫째, 희망을 준다. 꿈이 있지만 방법을 모르는 사람들, 방법은 알지만 대가를 치르기 싫은 사람들에게 '상상하면 이루어진다'는 말보다 달콤한 말은 없다. 둘째, 위안을 준다. 원하는 것을 이룬 상태를 생생하게 상상하면 현재의 상황이 아무리 불만스러워도 위안이 되고 미소 짓게 된다. 셋째, 용기를 준다. 간절히 원해서, 생생하게 상상해서 꿈을 이룬 사례들의 이야기를 듣다 보면 그동안 엄두를 내지 못했던 일에도 도전하고 싶은 용기가 난다.

　장밋빛 미래를 떠올리면서 자기최면을 걸면 기분이 좋아질지는 모른다. 하지만 그것만으로는 꿈을 현실로 만들 수 없다. 세상에 공짜는 없다. 원하는 것을 얻으려면 그것을 마음속에 그릴 수 있어야 한다는 말은 맞다. 상상할 수 없는 것은 시도할 수도 없고, 시도할 수 없는 것은 결코 이루어질 수 없기 때문이다. 하지만 목표를 달성한 모습을 상상하는 것, 그것만으로는 안 된다. 상상이 현실이 되려면 반드시 충족시켜야 할 전제조건이 있다. 성공으로 가는 경로를 찾아내야 한다는 것이다. 또, 그 과정에서 겪게 될 장애물을 예상하고 극복할 수 있는 방법을 갖고 있어야 한다.

　간절히 원하면서 꿈을 이루는 모습을 생생하게 상상했더니 현실로 일어났다고 말하는 소수의 성공사례들을 잘 관찰해보라. 그들에겐 한 가지가 더 있었다. 그들은 목표달성으로 연결된 그들만의 루트를 찾아냈다. 이 루트를 찾아내는 작업을 '경로탐색Pathway Seeking' 이라고 하며 목표달성 과정에서 해야 할 일과 겪게 될 장애물 및 그에 대한 대비책 등 여기에 포함된 모든 과정을 생생하게 상상하는 것을 '과정지향적 시각화Process-oriented Visualization'라고 한다. 인생의 성패는 목표를 달성한 장면을 상상하는 '결과지향적 시각화(Outcome-oriented Visualization, 장밋빛 환상)'보다 목표에 이르는 경로를 제대로 파악하고 있는지의 여부가 훨씬 더 중요하게 작용한다.

심리학자 찰스 리처드 스나이더C. R. Snyder는 대학생, 운동선수, 일반인 등을 대상으로 한 수많은 실험과 조사연구를 통해, 성취수준이 높은 사람일수록 목표를 달성할 수 있는 구체적인 방법을 찾아낼 수 있다는 믿음과 이를 실천하는 성향이 더 강한 것을 확인했다. 성공에 이르는 경로를 찾아낼 수 있다고 믿는 사람들에게는 몇 가지 특징이 있다. 첫째, 그들은 목표달성을 위한 남다른 방법을 찾아낼 수 있다고 믿기 때문에 그렇지 못한 사람들에 비해 목표수준을 더 높게 잡는다. 둘째, 한 가지 방법으로 실패하면 다른 대안을 찾으면 된다고 생각하기 때문에 실패해도 쉽게 포기하지 않는다. 셋째, 목표에 따라 이룰 수 있는 방법도 달라질 수 있다고 믿기 때문에 다양한 방식의 달성방법을 찾아낸다.

목표를 달성하려면 두 가지 동기가 필요하다. 바로 '시발동기'와 '유지동기'이다. 시발동기는 목표를 달성한 상태를 상상하는 것(결과지향적 시각화)으로 만들어지고 유지동기는 목표달성 방법에 의해 만들어진다. 그러므로 목표달성 루트(과정지향적 시각화)를 찾아내지 못하면 시발동기(결과지향적 시각화)가 아무리 강해도 실천을 유지할 수 없기 때문에 목표를 달성할 수 없다.

그러므로 결심을 끝까지 유지해서 목표를 달성하려면 낙관적인 태도뿐 아니라 비관적인 태도도 반드시 함께 갖추고 있어야 한다. 뭐든 원하기만 하면 얻을 수 있다고 안이하게 생각하기보다는 성공으로 연결된 경로를 찾아내고 그 과정에서 나타날 수 있는 문제들을 예상하며 대비책을 세울 수 있어야 하기 때문이다. 이렇게 실천력이 뛰어난 사람들은 낙관적인 사고와 비관적인 생각을 동시에 하는 경향이 있는데 이를 '양면적 사고Double Think'라고 한다. 데이트 신청, 금연, 다이어트, 세일즈 등 원하는 것이 무엇이든 그것을 얻고 싶다면 양면적 사고를 할 수 있어야 한다. 양면적 사고를 기르려면 다음과 같은 과정을 거쳐야 한다. 첫째, 원하는 상태를 이룬 자신의 모습을 생생하게 상상하고 거기서 얻게 될 이득을 최대한 찾아낸다. 둘째, 목표달성 과정에서 겪게 될 난관이나 돌발사태를 예상한다. 셋째, 문제에 효과적으로 대처할 수 있는 대비책을 마련한다.

앞서간 사람에게 길을 물어보고
로드맵을 그려보자

세계 최고의 부자, 빌 게이츠는 성공비결을 이렇게 말했다. "다른 사람의 좋은 습관을 내 것으로 만든다." 세계에서 두 번째 부자인 워렌 버핏 역시 부자가 되는 비결에 대해 똑같이 말했다. "부자가 되는 비결 중 하나는 다른 사람의 좋은 습관을 내 습관으로 만드는 것이다." 이것이 벤치마킹이다. 벤치마킹은 기업에만 필요한 것이 아니라 개인에게도 정말 중요하다. 원하는 것을 이루려면 이미 그것을 이룬 사람들의 습관을 연구해서 따라해보는 것이 가장 좋은 방법이다.

최고의 강사가 되고 싶다면 최고 강사의 강의를 들어보자. 강의가 끝난 후 명함을 내밀고, 24시간이 지나기 전에 강의 소감과 질문을 준비해서 만나달라고 요청하는 메일을 보내자. 직접 만나 그에게 걸어온 길을 물어보고 함께 사진을 찍어 벽에 붙여둔 후, 그 사람처럼 최고의 자리에 도달할 수 있는 경로를 그려보자. 그리고 목표에 이를 수 있는 나만의 커리어 로드맵Career Road Map을 작성하자.

다음의 로드맵 샘플(27페이지)을 참고해서 나만의 로드맵을 작성해보자. 첫째, 잠시 하던 일을 멈추고 이루고 싶은 꿈이나 목표를 떠올려보자. 그리고 현재의 이곳(출발점)에서 원하는 그곳(최종목표)에 이르는 과정을 마음속으로 그려보자. 둘째, 최종목표와 목표달성 연도 및 나이(데드라인)를 기입한다. 셋째, 최종목표로부터 거꾸로 거슬러오면서 반드시 거쳐야 할 중간목표들(또는 터닝 포인트)과 출발점에 현재 하고 있는 일과 연도 및 나이를 기입한다. 다 그린 후 목표달성 방법과 예상되는 문제, 그에 대한 대비책을 찾아보고 목표달성을 위해 오늘 해야 할 일 한 가지를 찾아 실천에 옮겨보자. 그리고 내가 목표로 설정한 것을 이미 이룬 사람들을 떠올려보고 그들에게 메일을 보내 도움을 청하거나 직접 찾아가 조언을 구해보자.

로드맵을 그릴 때 너무 완벽하게 그리려고 진땀을 빼지 않기 바란다. 그러면 그리고 싶은 생각이 달아나버릴 수도 있다. 목적의식을 갖고 살기 위해 로드맵이 필요한 것이지 반드시 로드맵대로 살아야 하는 건 아니다. 또 그럴 수도 없는 것이 인생이다.

그대의 꿈은 무엇이고 꿈을 이룬 그대의 모습은 어떤 것인가? 꿈을 현실로 변환시키는 과정에서 겪게 될 문제는 무엇이고 그 대비책은 무엇인가?

재무설계회사
설립
CEO 취임

45세

40세

국제공인재무설계사
(CFP)
자격 취득 및 MDRT

43세

저서 출판
(전문가로 인정 받기)

35세

증권분석사(CIA)
자격 취득 후
보험회사로 전직

32세

△△증권회사로 전직

START

현재 30세

○○은행
대리

로드맵 그리기

START

로드맵 구성 요소

1. 현재 상태
현재 하고 있는 일과 나이(연도)

2. 목표지점
경력상의 최종목표와 나이(연도)

3. 달성경로
최종목표를 이루기 위해 거쳐야 할
단계(징검다리 목표)와 나이(연도)

Stop: 이루고 싶은 꿈 한 가지를 찾아 그 꿈을 이룬 모습을 구체적으로(언제, 무엇을, 어떻게) 상상해보자.

_____

_____

_____

_____

Think: 그 꿈을 이룰 수 있는 대략적인 로드맵을 상상하면서 목표달성 경로를 적어보자.

_____

_____

_____

_____

Action: 그 꿈을 이루기 위해 당장 할 수 있는 일 한 가지를 찾아보자.

_____

_____

_____

_____

행동하지 않는 생각은 쓰레기에 불과하다

어느 날, 한 사람이 저명한 사상가 윌리엄 블레이크William Blake를 찾아와 물었다. "위대한 사상가가 되려면 어떻게 해야 합니까?" 그러자 블레이크가 대답했다. "많이 생각하십시오." 그는 마치 보물이라도 얻은 듯 집으로 돌아와 하루 종일 움직이지도 않고 천장을 바라보면서 '생각'만 했다. 한 달 뒤, 그의 부인이 울상을 지으며 블레이크를 찾아왔다. "제 남편이 선생님을 만나고 돌아온 뒤부터 식사도 거르고 온종일 침대에 누워서 오로지 생각만 하고 있어요. 선생님이 제 남편 좀 말려주세요."

블레이크가 그 집을 방문해보니 부인의 말처럼 남자는 뼈만 앙상하게 남은 상태로 침대에 누워 천장만 응시하고 있었다. 그는 블레이크를 보고 가까스로 일어나 말했다. "선생님, 그동안 저는 더 이상 생각할 수 없을 때까지 생각했습니다. 위대한 사상가가 되려면 얼마나 더 생각해야 하나요?" 그러자 블레이크는 이렇게 물었다. "매일 생각만 하고 행동하지는 않았군요. 대체 무슨 생각을 그리 했습니까?" 남자는 "머리에 더 이상 담아둘 수 없을 정도로 많습니다"라고 대답했다. 그 말을 들은 블레이크는 이렇게 충고했다. "제가 깜빡 잊고 말씀드리지 않은 게 있군요. 행동하지 않는 사람

의 생각은 쓰레기와 같다는 것입니다."

지금까지 생각만 하고 실행에 옮기지 않은 것이 있는가? 그렇다면 그것은 무엇

이고 아직도 머릿속에만 담고 있는 이유는 무엇인가?

문제의 핵심을 파악하라
답이 절로 나타난다

어떤 문제를 정확하게 설명하는 것은 그 해답을 찾는 일보다 훨씬 더 중요하다
– 알베르트 아인슈타인

"첫 번째 남편은 날마다 손찌검을 했어요. 그래서 결국 헤어지고 말았지요. 두 번째 남편은 때리지는 않았지만 항상 술에 취해 있었어요. 결혼 생활은 늘 힘들었고 제가 식구들을 먹여 살려야 했어요. 어쩔 수 없이 그와도 헤어졌죠. 세 번째 남편은 배우처럼 잘생겼지만 낭비벽이 심해 신용불량자가 되었어요. 그리고 제가 힘들게 벌어 모은 돈을 모두 훔쳐 달아나버렸지요. 세상에 믿을 놈은 아무도 없네요. 남자들은 모두 똑같은 건가요?"

–세 번의 이혼 후, 삶의 의욕을 상실한 40대 여성

엉뚱한 문제를 푸느라
인생을 낭비하지 말자

　　　　　　　내게 상담을 청해왔던 앞 사례의 여성은
자신이 불행한 이유가 모두 남자들 때문이라고 생각해서 그들을 욕
하고 원망하며 세월을 보냈다. 그런데 상담 과정에서 그녀가 술을
지나치게 좋아한다는 사실이 확인되었다. 그리고 그녀가 만난 세 남
자에게는 공통점이 있었다. 모두 비교적 잘생긴 편이었고 그녀와 마
찬가지로 술을 무척 좋아했다. 근본적인 문제는 남자들이 아니라 그
녀에게 있었다. 외모만 번지르르하고 실속 없는 남자들을 좋아하는
그녀의 남자 선택기준과, 고통을 겪고도 비슷한 남자들을 다시 만나
는 그녀의 행동패턴이 문제였다. 그녀 스스로 근본적인 문제를 제대
로 인식하고 반복되는 패턴을 바꾸지 않는다면 고통은 계속될 수밖
에 없다.

　변화를 시도할 때 가장 중요한 것은 우리가 갖고 있는 문제와 그 원
인이 무엇인지를 '제대로 아는 것'이다. 문제를 제대로 파악하기만 하
면 문제를 푸는 것은 식은죽 먹기처럼 쉬운 경우가 많다. 정말 문제인
것은 문제 자체보다 자신의 문제가 무엇인지 제대로 파악하지 못한다
는 것이다. 알코올 중독, 비만, 신용불량 등 반복되는 문제에서 벗어
나지 못하는 사람들의 공통점도 문제가 심각한 상황에서조차 자기 문

제를 정확하게 인식하지 못한다는 것이다. 그들은 문제의 원인을 외부에서 찾고 비난할 대상을 밖에서 찾아낸다.

관계에 문제가 있다는 것은 인정하지만 그 문제가 무엇인지 제대로 파악하지 못하는 사람들도 많다. 귀가가 늦다고 며칠 동안 짜증내는 아내를 보면서 문제가 '늦은 귀가시간'이라고 결론을 내린 남편은 다음날부터 집에 일찍 들어왔다. 그런데도 귀가가 늦다는 말만 빠졌을 뿐 아내의 태도는 별로 변한 게 없다. 이 경우, 남편은 문제가 있다는 것은 인식하지만 문제를 정확하게 정의하지 못했다고 할 수 있다. 그가 풀어야 할 문제는 귀가시간이 아니라 애정표현의 문제, 즉 아내와 함께 있을 때의 태도, 시선, 대화 내용일 가능성이 더 많다. "왜 만날 늦느냐"고 잔소리를 할 때조차도 본질적인 문제는 귀가시간이 아닌 경우가 더 많다. 대부분 관계의 문제는 함께 있는 시간의 양보다 관계의 질에 더 크게 좌우된다.

문제를 정확하게 규정하지 못하면 문제도 아닌 것을 해결하느라 쓸데없이 많은 시간과 에너지를 낭비하게 된다. 죽어라고 고생하는데 하는 일에 성과가 없다면 엉뚱한 문제를 푸는 데 시간을 낭비하고 있는 게 틀림없다. 열심히 노력하는데도 관계가 개선되지 않는다면 그건 순전히 문제를 제대로 정의하지 못했기 때문이다. 문제를 제대로 파악하기만 하면 답은 저절로 나오는 경우가 많다. 그래서 문제를 풀려면 먼저 문제가 무엇인지 제대로 알아야 한다.

왼다리 가려운데
오른다리 긁지 말자

의외로 많은 사람들이 문제를 제대로 정의하지 못해 죽어라고 애를 쓰면서도 별 소득 없는 삶을 살아가고 있다. 우리 속담에 '헛다리 긁는다'는 말이 있다. 가려운 다리는 놔두고 엉뚱한 다리를 긁는다는 뜻으로, 핵심을 파악하지 못하고 엉뚱한 일에 힘을 쏟는 사람을 비유할 때 쓰는 말이다.

누구보다 열심히 일했는데 소기의 성과를 거둘 수 없을 때가 있다. 또 많은 일을 해도 인정받지 못할 때도 있다. 이렇게 하는 일에 성과가 없다면 '헛다리'를 긁고 있는 게 틀림없다. 이런 문제를 해결하기 위해서는 반드시 거쳐야 할 단계가 있다.

첫째, 문제가 있다는 사실부터 받아들여야 한다. 문제를 인식하는 것은 문제해결의 가장 첫 단계이며 핵심사항이다. 문제를 인식하지 못하면 해결할 필요성도 느끼지 못하고 해결방법을 찾아낼 수도 없다. 알코올 중독자의 핵심문제는 자신에게 문제가 있다는 사실을 인정하지 않는 것이며, 부부문제가 심각해지는 이유는 관계에서 발생하는 미세징후를 포착하지 못하기 때문이다.

둘째, 문제를 제대로 정의해야 한다. 문제를 정확하게 정의하지 못하면 엉뚱한 문제를 푸느라 아까운 시간과 에너지를 낭비하게 된다. 성공하는 사람들은 해결해야 할 문제가 무엇인지 정확히 알기 위해 충분한 시간을 갖는 반면, 실패하는 사람들은 문제를 정확하게 파악하지도 않은 채 무작정 해결하려고 진땀을 뺀다. 문제를 제대로 파악하려면 적절한 질문을 던져야 한다. 예컨대, "어떻게 매장을 넓힐 수 있을까?"라는 질문을 "어떻게 하면 더 많이 팔 수 있을까?"로 바꾸는 것이다. "무엇을 말할까?"라고 자문하는 대신 "무엇이 상대를 움직일 수 있을까?"라고 질문을 바꾸는 것이다.

어떤 행인이 개와 함께 앉아 있는 사람에게 다가가 물었다. "당신 개는 사람을 무나요?" 그가 대답했다. "아뇨." 행인이 손을 뻗어 개를 쓰다듬으려 하자, 개가 그 손을 물어버렸다. 화가 난 행인이 옆에 있던 사람에게 말했다. "당신 개는 물지 않는다면서요!" 그러자 그가 대답했다. "이 개는 제 개가 아닌데요."

— 로버트 마일즈, 《워렌 버핏 실전 가치투자》 중에서

셋째, 다양한 해결책을 모색해보고 그중에서 가장 효과적인 전략을 선택해 실행에 옮긴다. 언젠가 내 자동차 엔진룸에서 소음이 들려 정비소에 간 적이 있었다. 젊은 정비사는 땀을 뻘뻘 흘리면서 이것저것 뜯어내고 부품을 교체했다. 그러나 소리는 사라지지 않았다. 그제야 좀더 나이 많은 정비사가 나타났다. 그는 시동을 걸고 한동안 엔진룸에 귀를 기울였다. 그리고 나사 하나를 풀더니 한쪽으로

밀어붙여 힘껏 조여주었다. 그러자 소리는 말끔히 사라졌다. 그 노련한 정비사는 문제가 무엇인지 정확하게 파악하고 시간과 경비가 가장 적게 드는 해결방법을 찾아냈다.

　어떤 문제든 그 문제를 정확하게 파악할 수만 있다면 분명히 해결될 수 있다. 지금 하는 일에 성과가 없다면 그건 엉뚱한 문제를 푸는 데 시간과 에너지를 낭비하고 있기 때문이다. 문제를 제대로 정의하지 못해 아직 해결하지 못하고 있는 그대의 문제는 무엇인가?

📎 문제 해결을 위한 IDEAL 단계

- **I : Identify the Problem**(문제 인식)_ 먼저 문제가 있다는 사실부터 제대로 인식해야 한다. 예) 아이들이 어릴 때와는 달리 나를 피하는 것 같다. 관계에 뭔가 문제가 있다.

- **D : Define the Problem**(문제 정의)_ 문제가 있음을 인정한 뒤에는 문제의 본질을 정확하게 정의해야 한다. 예) 아이에게 문제가 있는 게 아니었다. 이야기를 들어주기보다 훈계를 너무 많이 하는 내 태도가 문제이다.

- **E : Explore Solutions**(해결책 탐색)_ 가능한 한 다양한 해결책을 찾아낸다. 그런 다음 장기적인 관점에서 최선의 해결책을 선택한다. 예) 훈계 없는 5분 대화, 목욕탕 함께 가기, 아이 말을 경청하고 맞장구치기.

- **A : Act on Your Plan**(계획과 실천)_ 데드라인이 포함된 실천 가능한 계획을 수립하고 즉각 실천에 옮긴다. 예) 저녁을 먹으면서 훈계 없는 대화를 하기 위해 아이가 좋아하는 노래와 가수에 대해 묻고 맞장구를 쳐주었다.

- **L : Look at the Effects**(결과 검토)_ 결과를 면밀히 검토하고 효과가 없으면 즉시 문제를 재정의하고 해결책을 수정, 보완한다. 예) 아이의 표정이 달라졌고 신나서 이야기하며 대화를 나눴다. 아이들이 좋아하는 노래에 대해 좀더 알아두면 분위기가 훨씬 좋아질 수 있겠다.

Stop: 결심하고도 실천하지 못하고 있는 일이나 열심히 하면서도 성과가 오르지 않는 일 한 가지를 찾아보자.

_____

_____

_____

_____

Think: IDEAL 단계로 그 일의 문제가 무엇인지 찾아 문제를 해결할 수 있는 대안들을 찾아보자.

_____

_____

_____

_____

Action: 가장 효과적인 해결책과 관련된 작은 일 하나를 찾아내서 당장 실천하자.

_____

_____

_____

_____

가로등 밑에서 열쇠를 찾는 까닭

어느 날 밤, 물라 나스루딘(Mulla Nasrudin, '행복한 바보 성자'로 불리며 이슬람 수피 우화에 자주 등장하는 주인공)이 가로등 아래서 뭔가를 찾고 있었다. 지나가던 행인이 그걸 보고 무슨 일이냐고 물었다. 나스루딘이 열쇠를 잃어버렸다고 하자 친절하게도 그 행인은 허리를 숙이고 열쇠 찾는 것을 도와주었다. 한 시간이 넘게 찾아봤지만 열쇠를 찾을 수 없자 마침내 행인이 물었다. "정말 여기서 잃어버린 거 맞소?" 나스루딘이 어두운 골목길을 가리키며 대답했다. "아니요! 저기 컴컴한 데서 잃어버렸습니다." 화가 난 행인이 어이가 없다는 듯 다시 물었다. "그런데 왜 이 가로등 밑에서 열쇠를 찾고 있습니까?" 나스루딘이 대답했다. "여기가 환하니까요."

이것은 오래전부터 전해 내려오는 실소를 금치 못할 이야기다. 하지만 웃지 못할 현실은 우리 모두 나스루딘처럼 가끔은 문제를 잘못 파악해 엉뚱한 곳에 시간과 에너지를 낭비한다는 것이다. 반드시 해결하고 싶은 나의 문제는 무엇이고 아직도 그 문제를 해결하지 못하고 있는 이유는 무엇인가?

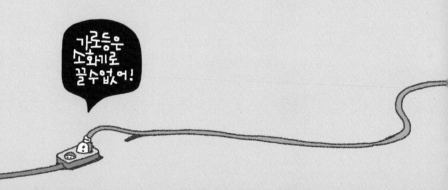

가로등은 소화기로 끌수없어!

03 Backward Scheduling

역산 스케줄링을 시도하라
할 일이 명확해진다

성공하는 사람들은 미래로부터 역산해서 현재의 행동을 결정한다
– 간다 마사노리

"저는 개인 클리닉을 갖는 게 꿈입니다. 그래서 오늘도 이렇게 아침 일찍 연구실에 나와 공부하고 있습니다. 열심히 공부하다 보면 언젠가 제 꿈을 이룰 수 있을 것이라 생각합니다. 대학원을 마치고, 임상수련을 받고 전문가로서 몇 년 경험을 쌓고 나면 개인 클리닉을 오픈할 수 있지 않을까요?"

– 언젠가 개인 클리닉을 열고 싶은 20대 대학원생

열심히 하다 보면
꿈이 이루어진다?

사람들을 만나보면 목표는 비슷한 것 같은데 접근방식은 모두 제각각이라는 생각이 들 때가 많다. 내 지도학생들과 이야기를 하다 보면 의외로 앞서 소개한 사례의 주인공 같은 학생들이 많다. 나는 이들에게 이런 질문을 한다. "그때가 언제쯤일 것 같은가?" 그때서야 그들은 이렇게 대답한다. "글쎄요. 10년, 아니 한 15년 정도 걸릴까요? 구체적으로 생각해본 적이 없어서⋯⋯."

반면, 극소수의 이런 학생들도 있다. "저는 지금부터 15년 후에 제 개인 클리닉을 오픈하려고 합니다. 그러기 위해서는 개업 2년 전까지는 최소한 제 전문분야의 논문 3편과 책 1권을 출판하고 박사학위를 받아야 합니다. 그래야 그 분야의 전문가로 인정받을 수 있을 테니까요. 그러려면 7년 이내에 박사과정에 입학해야 합니다. 그러기 위해서는 지금부터 5년 이내에 임상수련을 마치고 전문가 자격시험에 합격해야 하구요. 그렇게 되기 위해 저는 반드시 2년 이내에 대학원을 졸업할 겁니다. 그래서 저는 오늘 그동안 정리한 논문 주제를 갖고 선생님과 상의하고 싶습니다."

두 부류의 학생들 모두 똑같은 목표를 갖고 똑같이 열심히 공부하고 있다. 단지 목표달성 과정에 대한 접근방법이 다를 뿐이다. 전자의 경우, 그냥 열심히 하다 보면 언젠가는 꿈을 이루지 않겠느냐는 생각으로 공부한다. 후자의 경우는 최종목표의 달성시한을 먼저 확실하게 못박아두고 거기서부터 거꾸로 계산해서 거쳐야 할 과정들을 찾아보고 지금 당장 해야 할 일을 결정한다. '열심히 하다 보면 어떻게 되겠지' 하면서 공부를 하는 학생과 '미래의 관점에서 지금 어떤 일을 해야 하나'를 생각하며 공부하는 학생 중 어느 쪽이 목표를 달성할 가능성이 높을까?

스케줄링, 즉 계획을 세우는 순서는 기본적으로 두 가지 방법이 있다. 현재를 기점으로 순차적으로 계산해 목표달성 시기를 추정하는 '순행 스케줄링Forward Scheduling'과 최종 목표달성 시간, 즉 미래를 기준점으로 역산해서 지금 당장 해야 할 일을 선택하는 '역산 스케줄링Backward Scheduling'이다. 순행 스케줄링 습관을 갖고 있는 학생은 이렇게 하루를 보낼 가능성이 많다.

막 공부를 시작하려고 하는 순간, 친구로부터 F학점을 받아 너무 괴롭다면서 술이나 한잔하자는 전화가 걸려왔다. 딱 한 잔만 하고 집으로 오려고 했는데, 술에 취해 2차, 3차를 가는 바람에 새벽에 들어왔다. 알람소리를 들었지만 술이 덜 깨 일어날 수 없었다. 겨우 일어나 거울을 보니 머리가 엉망이다. 서둘러 머리를 감고 어머니의 성화에 아침도 몇 술 뜨는 둥 마는 둥 하고 헐레벌떡 뛰었지만 오늘도 어김없이 지각이다.

그러나 이 학생이 역산 스케줄링 습관을 갖게 되면 다음과 같이 완전히 다르게 행동할 것이다.

내일은 절대로 지각하지 말아야겠다. 강의실에 9시까지 도착하려면 8시 40분까지는 교문 앞에 도착해야 한다. 그렇게 하려면 7시 10분까지는 전철을 타야 한다. 그러려면 집에서 7시에는 나와야 하고 그렇게 하기 위해서는 6시 40분까지 아침 식사를 마쳐야 한다. 그렇게 되려면 늦어도 6시에는 일어나야 한다. 그러려면 밤 12시 이전에 잠을 자야 한다. 그러므로 미안하지만 친구와의 만남은 나중으로 미루고 9시 전에 집에 들어가야 한다.

결심을 지키고 싶다면
역산 스케줄링을 연습하라

이 책을 읽고 있는 여러분은 어떤가? 강의나 약속시간에 매번 늦는가? 자질구레한 일을 하느라 정작 중요한 일을 항상 뒷전으로 밀어놓는가? 이런저런 유혹에 쉽게 빠지는가? 그렇다면 역산계획 습관보다 순행계획 습관이 몸에 배어 있을 가능성이 많다. 현재의 시점에서 바라보면 모든 일들이 중요하게 느껴진다. 또, 중요한 일보다 긴급한 일을 선택할 가능성이 높아진다. 하지만 목표달성을 기준으로 현재 상황을 역방향으로 바라보면 선택의 범위가 대폭 줄어든다. 유혹을 쉽게 뿌리칠 수 있고 목표와 무관한 일들은 쉽게 물리칠 수 있다. 당연히 스트레스도 줄어든다.

비즈니스에서 순행 스케줄링이란 작업시작 시간을 기준으로 고객에게 납품할 수 있는 날짜를 계산해 생산 공정을 잡는 것을 말한다. 반면, 역산 스케줄링이란 고객이 원하는 납기일을 기준으로 역산해서 배송, 생산, 작업시작 시간 등을 계산해 스케줄을 잡는 것을 말한다.

똑같이 1년 후가 납기일인 사업가 A씨와 B씨를 비교해보자. A씨는 납기일을 기준으로 역산해 시간이 얼마나 남았는지를 항상 확인하면서 그때그때 해야 할 일에 집중한다. 반면 B씨는 '다음달부터 해도 되겠지' 하면서 시작부터 미루다가 막상 일을 시작하려고 하면 다른 일이 생겨 진전이 없다. 연장근무에 밤샘작업을 해보지만 매번 돌발상황이 발생한다. 누가 더 신뢰할 수 있는 거래처가 되고 누가 더 성공할 가능성이 높을까?

비즈니스에 성공하는 사람들은 목표가 생기면 먼저 최종달성 시한을 정한다. 그러고 나서 현재 지점까지 전체 거리를 파악하고 역으로 계산해 지금 당장 처리해야 할 과제를 만들어낸다. 운동선수들이 시합일정에 맞춰 훈련을 하는 것처럼 항상 미래의 시점에서 현재를 판단한다. 반면 실패하는 사람들은 대부분 '열심히 하다 보면 어떻게 되겠지' 하며 그날그날 손에 잡히는 대로 일을 한다. 그래서 긴급한 일이 생기면 곧바로 옆길로 샌다. 현재의 관점에서 일을 바라보면 '해야 할 일'과 '하지 않아도 될 일'의 경계가 모호해져 모든 일이 중요한 것처럼 느껴지기 때문이다.

목표달성으로부터 역산해서
지금 당장 할 일을 선택하자

성공과 행복의 열쇠가 무엇인지 찾아내기 위한 연구를 50여 년이나 수행했던 하버드 대학의 에드워드 밴필드Edward Banfield 박사는 이렇게 그의 생각을 정리했다. "우리 사회에서 가장 성공한 사람은 10년, 20년 후의 미래를 생각하는 장기적인 전망을 갖고 있는 사람들이었다." 일본의 저명한 경영 컨설턴트인 간다 마사노리神田昌典 역시 이렇게 말했다. "99퍼센트의 사람들은 현재를 보면서 미래가 어떻게 될지를 예측하고, 1퍼센트의 사람만이 미래를 내다보며 지금 어떻게 행동해야 할지 생각한다. 당연히 후자에 속하는 1퍼센트의 사람만이 성공한다." 그러므로 성공하는 것은 간단하다. 미래로부터 역산해서 현재의 행동을 선택하는 습관을 갖는다면 말이다.

역산 스케줄링에 익숙해지려면 사소한 일을 할 때도 역산해서 계획을 세우는 습관을 들여야 한다. 방 정리도 데드라인을 정해놓고 끝에서부터 역산해 최종목표 달성을 위해 거쳐야 할 징검다리 목표들을 찾아서 지금 해야 할 일을 선택하는 것이다. 그렇게 사소한 일을 통해 연습을 하다 보면, 경력관리와 같은 삶의 중요한 일에도 효과적으로 적용될 수 있다는 사실을 깨닫게 된다. 인간관계든 비즈니스든 미래의 관점에서 거꾸로 보면 현재의 상황이 명확하게 보인다.

🖋 역산 스케줄링 3단계

- **Step1**: 달성하고 싶은 목표와 데드라인을 먼저 명확하게 정한다.
- **Step2**: 목표달성 과정의 징검다리 목표들과 데드라인을 정한다.
- **Step3**: 목표와 관련된 첫 번째 일을 선택해 곧바로 실천한다.

지독히 가난한 집안의 아들로 태어나 간신히 초등학교를 졸업하고 상경한 소년이 있었다. 그는 고학으로 대학을 졸업하고 유학의 꿈을 이루기 위해 덴마크 국왕에게 무작정 논문과 편지를 보냈다. 그리하여 당당히 덴마크 국비 장학생으로 선발된 그는 노르딕 농과대학 Nordic Agricultural College을 졸업하고, 이스라엘 히브리 대학The

Hebrew University of Jerusalem 대학원에서 농업경제를 전공했다. 그가 바로 우리나라에 새마을 운동을 도입했던 류태영 박사다. 그는 목표가 만들어지면 그 목표를 달성하기 위해 다음과 같이 자문하곤 했다. "총장이 되고 싶다. 그러려면? 부총장이 되어야 한다. 그러려면? 교수가 되어야 한다. 그러려면? 유학을 가야 한다. 그러려면 지금 해야 할 일은 무엇인가?" 그렇게 해서 그는 유학을 갔다 와 대학 교수와 부총장을 역임했고, 70세가 넘은 지금도 '농촌청소년 미래재단'을 설립해 청소년 지도자 양성에 열정을 쏟고 있다.

노후대비 역시 두 가지 스케줄링 중 한 가지 방법으로 접근할 수 있다. 30세인 두 사람이 65세에 은퇴한다고 가정하자. 한 사람은 노후를 위해 매월 소득에서 생활비를 쓰고 남는 돈을 최대한 저축해야 겠다고 생각한다. 그는 그렇게 노후를 대비하면 큰 문제가 없겠지 하고 막연히 낙관하고 있다.

다른 한 사람은 다르다. 그는 지금부터 35년 후 미래로 미리 가서 은퇴 후 매월 생활비가 얼마나 필요할지를 따져본다. 그리고 그로부터 역산해 지금부터 얼마씩 저축을 해야 할지 계산을 뽑아낸다. 그는 은퇴 후 현재 가치로 최소 월 300만 원 정도가 필요할 거라고 판단한다. 재무설계사에 의뢰해 계산을 뽑아보니 은퇴 후 30년간(95세 사망으로 가정) 매달 그 정도의 생활비를 쓸 수 있으려면 23억 3천만 원 정도가 필요하다는 결론이 나온다. 그래서 그 정도의 자산을 마련하기 위해 지금부터 은퇴할 때까지 매월 75만 원씩(세후 수익률을 7퍼센트로 잡고 매년 5퍼센트씩 증액한다고 가정했을 때) 꼬박꼬박 저축하기로 결심한다.

순행 스케줄링으로 '그냥 열심히 살다 보면 어떻게 되겠지' 하면서 살아가는 전자와 역산 스케줄링을 활용해 체계적으로 노후를 대비하는 후자 중 누가 더 안전하고 행복한 노후를 보낼 수 있을까?

역산 스케줄링은 경력관리나 비즈니스뿐 아니라 건강관리나 인간관계 등 삶의 모든 영역에 적용할 수 있다. 행복한 노후를 보내려면, 은퇴 후 하루 종일 아내와 함께 지낼 시간으로 미리 거슬러올라가 지금 아내에게 어떤 태도를 취해야 할지 생각해봐야 한다. 노후에 자녀들이 곁에서 자신의 이야기에 귀 기울여주기를 바란다면 힘없고 외로운 노년기를 떠올리며 오늘 힘들어하는 자녀를 따뜻하게 위로해줘야 한다. 회사를 그만두고 난 다음에도 함께 일하고 있는 직원들과 좋은 관계가 유지되기를 바란다면 명함에서 이름 석 자를 제외하고 모든 것이 지워졌을 때를 떠올리며 부하직원에게 어떤 표정과 말투를 선택할지 신중하게 판단해야 한다. 역산 스케줄링의 지혜를 발휘하면 보다 풍요로운 삶을 살아갈 수 있다.

내 책상 앞에는 오래 전에 만들어 붙인 타임테이블 하나가 있다. 2000년에 만든 것이라 좌측 끝이 2000년, 우측 끝은 정년 퇴직년도가 기재되어 있다. 퇴직년도 밑에 0을 쓰고 좌측을 향해 거꾸로 거슬러 오면서 D-day를 계산해놓은 것처럼 1,2,3,4,5…… 이런 식으로 1년 단위로 숫자를 기재해두었다. 퇴직년도 아래에는 그때의 아들과 딸의 나이인 35세, 28세가 기재되어 있다. 아이들의 나이 역시 우측에서부터 역순으로 1년 단위마다 기재되어 있다. 나는 아침에 출근해서 일을 시작하기 전에 간간이 그 타임테이블을 가만히 들여다본다. 맨 우측 끝을 먼저 보고 왼쪽으로 거슬러오면서 올해의 숫자에 눈을 멈추고 오늘 해야 할 일이 무엇인지 잠시 생각해본다. 우측 끝에 적힌 퇴직년이 오기 전에 아마도 아이들은 각자의 가정을 꾸려 둥지를 떠날 것이다. 그리고 몇 년이 지나 퇴직년이 되면 나도 이 연구실을 비워주고 떠나야 한다. 이런 생각을 하다 보면 시간을 허투루 보내기가 어려워진다. 밖에서 하는 일이든 가족과의 관계든 그날그날을 조금이라도 더 알차게 보내려고 애쓰게 된다.

다음은 역산 스케줄링 효과를 배운 학생 한 명이 보내온 소감문이다.

"토익 점수가 780이 넘으면 카투사를 지원하려고 했습니다. 그런데 역산 스케줄링을 공부하고 나니 이러다가 군대를 언제 갈지 모르겠더라고요. 그래서 2학년을 마치기 전에 카투사에 지원하기로 했습니다. 그러다 보니 1학년을 마치기 전까지 토익 점수 800을 달성하겠다는 것으로 목표를 수정할 수밖에 없었습니다. 올해 안에 토익 800을 만들지 못하면 군대를 제때 못 가는 불상사가 생길지 모른다고 생각하니 영어 공부를 열심히 하지 않을 수가 없습니다. 정말 작은 생각의 차이가 큰 변화를 만들 수 있다는 걸 깨달았습니다."

10년 후 달성하고 싶은 그대의 목표는 무엇인가? 지금까지 이 목표를 달성하기 위해 어떤 스케줄링을 준비해왔는가? 그 목표를 달성하기 위해 지금 당장 해야 할 작은 일은 무엇인가?

Stop: 반드시 달성하고 싶은 장기적인 목표 한 가지와 목표달성 데드라인을 구체적으로 적어보자.

_____

_____

_____

_____

Think: 역산 스케줄링으로 목표달성 과정의 징검다리 목표들과 각각의 데드라인을 정해보자.

_____

_____

_____

_____

Action: 목표달성을 위해 오늘 당장 해야 할 첫 번째 일은 무엇인가?

_____

_____

_____

_____

죽어서 어떤 사람으로 기억되고 싶은가? ....

어느 날 선생님이 학생들 한 명 한 명의 이름을 부르며 "너는 죽은 뒤에 어떤 사람으로 기억되고 싶으냐?"고 질문했다. 물론 제대로 대답하는 학생이 없었다. 선생님은 껄껄 웃으며 말했다. "나도 너희들이 대답할 수 있을 거라고는 기대하지 않았다. 하지만 50세가 될 때까지도 이 질문에 답할 수 없다면 그건 인생을 잘못 살았다고 볼 수 있다."

그 선생님은 '현대 경영학의 아버지'로 불리는 피터 드러커가 김나지움에 다닐 때 그를 가르쳤던 필리글러 신부였다. 죽을 때까지 그 질문을 화두처럼 꺼안고 살았던 드러커는 그의 책에서 그 답을 소개했다. "나는 사람들이 목표를 설정하고 달성할 수 있게 도와준 사람으로 기억되고 싶다."

나는 죽은 뒤에 사람들에게 어떤 사람으로 기억되고 싶은가?

나는 _____ 사람으로 기억되고 싶다.

04 Back-up Plan

대비책을 만들어두라
돌발상황이 두렵지 않다

삶은 돌발상황을 만들어 우리를 방해한다
– 메리 제인 라이언

"오늘부터 새벽에 조깅을 하기로 했는데 비가 내려 첫날부터 결심이 무너졌습니다. 그래서 '에라 모르겠다' 하고 잠깐만 더 잔다는 게 늦잠을 자버렸죠. 부랴부랴 일어나 아침도 굶고 눈썹이 휘날리게 뛰었는데 버스정류장에 다 가서야 지갑을 두고 왔다는 사실을 알았습니다. 결국 첫 강의에 결석하고 말았습니다. 오후에는 도서관에 갔는데, 자리가 없어 친구와 PC방에 갔습니다. 찾으려던 자료는 안 찾고 게임만 2시간이나 했네요. 마감시간에 맞춰 겨우 끝낸 리포트, 그런데 키보드를 잘못 눌러 순식간에 날려버렸습니다. 아, 얼마나 당황스럽던지요. 오늘 하루 정말 억세게 재수가 없습니다. 왜 이리 하는 일마다 꼬이는지……. 아, 이런 게 바로 머피의 법칙인가요?"

– 하루 종일 일이 꼬이기만 한 대학 3학년생

머피의 법칙은
대책 없는 사람을 좋아한다

"앞차가 갑자기 정지할 줄 몰랐어요." "아이가 거기서 튀어나올 줄 어떻게 알았겠어요." "커브길에 타이어가 떨어져 있어 급하게 핸들을 꺾다가 그만……." 교통사고를 낸 사람들이 공통적으로 하는 말은 "미처 예상하지 못했다"는 것이다. 도로에서는 수시로 돌발상황이 발생한다. 그래서 운전을 할 때는 항상 철저하게 방어운전을 해야 한다. '방어운전'이란 사고를 방어하기 위해, 즉 사고를 내지도 당하지도 않기 위해 운전 중에 일어날 수 있는 각종 돌발사태를 예견하고 신속하게 대처할 수 있는 마음가짐으로 운전하는 것을 말한다.

대부분의 교통사고는 교통상황에 대한 운전자의 판단착오와 대비책의 미비로 일어난다. 마찬가지로, 결심을 실천하는 과정에서 중도에 포기하는 일이나 인간관계 및 비즈니스에서 발생하는 사고 역시 대부분 돌발사태에 대비하지 못해서 일어난다. 머피의 법칙이 누군가의 삶을 지배한다면 그건 그 사람이 돌발사태에 대한 대비책을 사전에 마련해두지 않았기 때문이다.

필자의 지인知人 중 한 명은 10년 이상 된 차를 새 차처럼 흠집 없이 타고 다니는데 그 비결을 방어운전과 방어주차로 들며 이렇게 밝했다. 첫째, 주차할 때는 가능한 한 한쪽 면이 벽이나 기둥으로 막힌 구석진 자리를 찾는다. 그러면 최소 한쪽 면은 100퍼센트 안전하다. 둘째, 차의 정면이 통로 쪽을 향한 차들 사이에 주차한다. 전진해서 주차장을 빠져나올 수 있는 차들은 후진해야 하는 차들에 비해 옆 차에 흠집을 낼 가능성이 훨씬 적기 때문이다. 셋째, 가능한 한 외제 차나 최고급 승용차 옆에 주차한다. 비싼 차 운전자들은 대개 운전 경력이 많고, 자기 차에 흠집이 생길까 봐 더 조심하기 때문이다.

살다 보면 아무리 멋진 목표를 갖고 훌륭한 계획을 세워도 이따금 씩 예상치 못한 돌발사태가 발생한다. 데이트 신청을 할 때, 환불을 요청할 때, 고객이나 자녀들을 설득할 때도 이런저런 돌발상황이 발 생해 우리의 의지를 꺾는다. 실패한 사람들은 아무 생각 없이 시도 하다 예상치 못한 일로 좌절한다. 하지만 성공한 사람들은 가능한 돌발사태를 예상하고 대비해서 항상 더 많은 것을 얻어낸다. 컴퓨터 전문가들은 예상치 못한 문제로 인한 데이터 상실을 방지하기 위해 항상 백업 시스템Back-up System을 마련해둔다. 결심을 실천하는 과정 에서도 이처럼 돌발사태에 대한 대비책이 필요한데 이를 백업 플랜 Back-up Plan 또는 '플랜 B'라고 한다.

돌발사태를 예상하면
변명할 필요가 없어진다

인간관계, 세일즈, 교육 등 어떤 분야에서건 설득의 달인들은 언제나 "No!"라는 대답을 예상한다. 그리고 이에 대한 대비책을 마련한 다음 접근을 시도한다. 첫 번째의 의견이 받아들여지지 않을 경우 제시할 수 있는 제2안을 마련하고, 제2안이 거부당했을 때를 대비해 제3안을 마련한다. 성공한 사람들은 자신의 의견이 한 번에 받아들여질 거라고는 기대하지도 않고, 상상하지도 않는다. 반면 실패한 사람들은 자신의 제안이 받아들여지지 않을 경우를 예측하지 못하는 경우가 많다. 아니 거절당하는 게 두려워 상상조차 하기 싫어하는 경우가 많다. 그들은 거절을 당하면 쉽게 좌절하거나 무모하게 들이대다 사고를 친다. 상대가 "No!"라고 거절할 때, 금방 꼬리를 내리고 돌아서거나 얼굴이 벌게져 흥분해서는 안 된다. 대신 거절당하고, 공격받고, 무시당할 수 있는 수십 가지의 상황을 예상하고 거기에 대응할 수 있는 대비책을 만들어내야 한다. 그래야 승자가 된다.

목표달성 과정에서 중도에 포기하는 습관을 갖고 있다면 그에 대한 강력한 대비책을 만들어야 한다. 다음과 같이 세 가지 단계를 거치면 된다. 첫째, 목표달성을 위한 구체적인 실천계획(플랜 A)을 찾는다. 둘째, 실천 과정에서 실천을 방해할 수 있는 돌발사태를 예상해 목록으로 작성한다. 셋째, 각각의 돌발사태에 대한 대비책(플랜 B)을 찾아낸다. 가능하면 대비책에 대한 대비책(플랜 C)도 찾아낸다.

일주일에 네 번씩 조깅하겠다는 목표를 세웠다면(플랜 A) 조깅과 관련된 돌발상황을 미리 생각해보고 그에 대한 대비책(플랜 B)을 마련하면 된다. '조깅을 하려고 했는데 밖에 비가 쏟아지면, 헬스클럽에 가서 운동을 해야지. 그런데 헬스클럽이 문을 닫았다면? 좋아, 그렇다면 집에서 팔굽혀펴기와 요가를 해야지.'

이렇게 대비책을 세우고 대비책을 위한 대비책까지 마련해두면 계획이 어긋날 때 곧바로 다음 계획이 가동되어 중간에 포기하거나 구차하게 변명할 필요가 없다. 대비책을 만들어둔 다음에 우려했던 돌발사태가 일어나면 우리는 이렇게 여유 있게 말해주면 된다. "안녕. 또 찾아왔네? 그런데 미안해서 어쩌지? 이번에는 대비책을 미리 마련해뒀거든!"

날씨를 선택할 수는 없다. 그러나 비가 오면 달리기 대신 아파트 계단을 오르내린다는 대비책을 선택할 수는 있다. 면접관의 질문을 선택할 수는 없다. 하지만 예상질문과 답변을 만들어볼 수는 있다. 고객을 선택할 수는 없다. 하지만 무례한 고객을 예상하고 대처방법을 마련할 수는 있다. 데이트를 신청할 때, 상대편의 승낙 여부는 우리가 선택할 수 없다. 하지만 상대의 반응을 예상하고 거절당할 때의 대비책은 준비할 수 있다. 우리에게 일어나는 일들을 우리 마음대로 선택할 수는 없다. 하지만 우리에게 닥칠 일들을 예상하고, 대비하는 것은 얼마든지 선택할 수 있다.

상담 중에 내담자들은 이런저런 다짐을 한다. 하지만 그들 중 상당수는 약속을 지키지 못한다. 거기에는 일반적으로 다음의 두 가지 변명 중 하나가 따라붙는다. 한 가지는 스스로를 '의지박약'이라거나 '구제불능'이라며 자신을 탓하는 내적인 변명이다. 또 한 가지는 다른 사람이나 주변 환경을 탓하는 외적인 변명이다. "참으려고 했는데, 남편이 말도 안 되는 소리를 하는 바람에……." "화를 내지 않으려고 했지만 아이가 대드는 바람에……." "수영하러 가려고 했는데 감기에 걸려서……." "금연 중이었는데 부부싸움을 하는 바람에……."

나는 그들에게 이렇게 묻곤 한다. "결심을 실천할 때 예상되는 돌발사태는 무엇이고 그에 대한 대비책은 뭐죠?" 이런 식의 간단한 질문으로 내담자의 변명은 쉽게 차단된다. 결심을 중도에서 포기하는 것은 의지박약이나 세상의 방해보다는 그에 대한 대비책을 제대로 마련하지 않았기 때문인 경우가 훨씬 더 많다.

위대한 리더들은
어떤 면에서 모두 겁쟁이다

최고의 경영자, 전쟁을 승리로 이끄는 장수, 위대한 정치가는 어떤 면에서 보면 모두 지독한 겁쟁이다. 그들은 추진하는 일에서 상상할 수 있는 모든 나쁜 상황을 예상하고 이에 대한 예비계획을 마련해둔다. 삼성전자는 2010년 1분기 실적발표에서 영업이익이 전분기보다 25퍼센트 증가한 4조 3천억 원을 기록했다고 발표했다. 전년 동기 대비로는 매출이 18.6퍼센트나 증가해 영업이익은 무려 628.8퍼센트 수준이나 성장한 사상 최고 실적을 기록했다. 하지만 이건희 회장은 "지금이 진짜 위기다. 삼성도 언제 어떻게 될지 모른다. 10년 내 삼성을 대표하는 사업과 제품은 대부분 사라질 것이다"라고 위기상황에 대한 대비책 마련을 강조했다. 성공한 개인과 최고의 기업은 정상에 오를수록 위기상황을 더 많이 생각하고 더 신중하게 대비한다.

누구보다 용맹무쌍했던 정복자 나폴레옹은 이렇게 말했다. "작전을 세울 때 나는 세상에 둘도 없는 겁쟁이가 된다. 상상할 수 있는 모든 위험과 불리한 조건을 과장해보고 끊임없이 '만약에?'라는 질문을 되풀이한다." 이것은 전쟁에서 이기려면 가능한 한 모든 위험요인을 찾아내 그에 대한 대비책을 마련해야 하며 대비책을 만들 때만은 위험을 과장해야 한다는 말이다. 전쟁터에 나갈 때 장수는 '반드시 이긴다'는 긍정적인 믿음뿐 아니라 최악의 상황까지도 늘 염두에 두고 위험을 과장해 사전에 철저한 대비를 할 수 있어야 승리할 수 있다.

19세기 독일의 철혈재상 비스마르크는 지금도 당대 최고의 정치가로 인정받고 있다. 끝없는 타협의 과정이며 승리와 패배의 연속이라 할 수 있는 정치계에서 그가 최고의 정치가로 이름을 남길 수 있었던 것은 상대가 누구든 협상을 시작하기 전에 항상 플랜 B를 철저하게 준비했기 때문이다.

결심을 방해할 수 있는 만일의 사태에 대비하기 위해 세워둔 플랜

∅ 플랜 B의 세 가지 기능

❶ **예측가능성(Predictability)**: 계획을 방해할 수 있는 돌발사태를 예상해보는 습관을 갖게 되면 불확실성과 불안감이 줄어든다.

❷ **통제가능성(Controllability)**: 예상되는 돌발사태에 대한 대비책을 수립하는 과정에서 상황과 자기 자신에 대한 통제력이 증진된다.

❸ **생산성(Productivity)**: 상황과 자신에 대한 통제력의 증가로 인해 어떤 상황에서나 후회와 손실은 줄어들고 성과와 만족감은 증가된다.

B는 무엇인가? 플랜 B가 실패했을 때를 대비한 차선책은 무엇인가? 성공한 사람들은 실패한 사람들이 예상하지 못한 일을 예상하고 행복한 사람들은 불행한 사람들이 생각지도 못한 대비책을 마련한다.

최악의 시나리오를 예상하라

공포, 불안, 분노와 같은 감정통제 문제를 갖고 있는 사람들을 돕기 위해 개발된 심리치료 기법 중 '스트레스 접종훈련 Stress Inoculation Training'이라는 것이 있다. 원래는 상담에서 내담자를 돕기 위해 개발된 방법이지만 요즘에는 콜센터, 백화점, 식당직원이나 스튜어디스 등 감정노동 종사자들의 스트레스를 줄여주기 위해 널리 활용된다. '접종'이란 질병을 예방하기 위해 독성을 약화시킨 병원균을 미리 인체에 주입해 신체가 질병에 대항할 수 있게 하는 것을 말한다.

이 훈련은 마치 예방접종처럼, 발생 가능성이 있는 스트레스 사태를 사전에 머릿속에 주입해 효과적인 대책을 찾게 함으로써 실제로 스트레스를 받는 일이 일어났을 때 이에 대항할 수 있는 정신력을 길러주기 때문에 스트레스 접종훈련이라고 한다. 이 훈련은 3단계 과정으로 이루어지는데 첫 번째 단계에서는 스트레스에 대한 전반적인 교육이 이루어진다. 두 번째 단계에서는 발생 가능한 스트레스 상황들을 미리 예상해보고 그에 대한 효과적인 대책을 찾아내 실제 상황에서 어떻게 행동할지 리허설을 한다. 세 번째 단계는 실제 상황에서 적용한다.

상황이 나빠질 때 충동적으로 반응할 가능성을 예상하고 그런 상황에서 현명하게 대처할 수 있는 방법을 마음속으로 미리 연습해두면 나쁜 습관에서 벗어날 가능성이 현저하게 높아진다. 금연을 했다가도 스트레스를 받으면 다시 담배를 피우는 나쁜 습관이 있다면 자신에게 그런 습관이 언제, 어떤 식으로 나타나는지 인식하는 것이 나쁜 습관을 고치는 첫 번째 단계가 된다. 이른바 인식단계이다. 두 번째 단계는 발생 가능한 나쁜 상황들을 찾아보고 나쁜 습관을 대신할 수 있는 대비책을 찾아내 마음속으로 리허설을 해보는 것인데 이 것을 '정신적 리허설Mental Rehearsal'이라고 한다. 그리고 세 번째 단계는 실제로 그런 나쁜 상황이 일어났을 때 리허설을 했던 방식대로 실천하는 것이다.

실제로 마음속으로 리허설을 하는 것만으로도 나쁜 습관이 사라질 가능성이 현저하게 높아진다. 피츠버그 대학과 카네기 멜론 대학이 공동으로 조사한 연구결과에 의하면 원하는 행동을 마음속으로 미리 준비하고 리허설하면 우리를 행동하게 하는 대뇌의 전두엽 피질이 활성화된다. 정신적 리허설을 통해 그 행위에 실제로 관어하는 뇌세포가 활성화되면 나쁜 상황이 발생했을 때 미리 연습한 대로 반응할 가능성이 커지고 상대적으로 기존의 나쁜 습관이 활성화될 가능성은 줄어든다.

실패하는 사람들은 실패할 수밖에 없는 길고 긴 핑계들을 찾아낸다. 자신들에게 닥칠 돌발사태들을 예상해보지도 않고 대책도 없이 살면서 말이다. 성공하는 사람들은 도전정신 하나로 무모하게 위험을 감수하지 않고 무조건 위험을 회피하지도 않는다. 그들은 모든 사람들이 불가능하다는 일 속에서도 가능성의 신호를 찾아내고 모두가 낙관적일 때조차도 재앙을 예고하는 미세징후들을 탐지해 대비책을 마련해둔다.

과감하게 도전했지만 예상치 못한 복병을 만나 포기했던 결심은 무엇인가? 엄두가 안 나 시작조차 하지 못한 계획은 무엇인가? 그에 대한 그대만의 대비책은 무엇인가?

Stop: 목표를 이루기 위해 실천해야 할 결심 한 가지를 찾아보자.

_____

_____

_____

_____

Think: 결심을 실천에 옮기지 못하게 할 수 있는 돌발사태들을 찾아보자.

_____

_____

_____

_____

Action: 예상되는 돌발사태들에 대한 대비책, 플랜 B를 만들어보자.

_____

_____

_____

_____

성공률을 99퍼센트로 끌어올리는 법

인터넷 업계의 실력자인 리카이푸李開復가 애플에서 일할 때다. 어느 날 그는 CEO 스컬리와 함께 미국 최고 인기 프로그램인 〈굿모닝, 아메리카〉에 출연해 새로 개발된 음성식별 시스템을 선보이게 되었다. 녹화 전날, 스컬리가 그에게 물었다.

"성공 확률이 얼마인가?" 그는 "약 90퍼센트 정도"라고 대답했다. 그러자 스컬리가 다시 말했다. "성공 확률을 99퍼센트까지 올려보게." 이튿날, 그는 스컬리에게 시연 성공률이 99퍼센트라고 말했고, 시연은 성공했다. 스컬리는 "수고했네. 어제 시스템 바꾸느라 고생했지?" 하고 그를 격려했다. 그러자 그는 스컬리에게 이렇게 대답했다. "사실, 오늘 시스템과 어제 시스템은 별 차이가 없습니다." 스컬리는 몹시 놀라며 물었다. "그런데 성공률 99퍼센트라는 말은 뭐지?" 리카이푸는 이렇게 대답했다. "하지만 성공률이 99퍼센트라는 것은 맞습니다. 문제가 생기면 다른 것으로 바꿀 수 있게 컴퓨터 두 대를 준비했습니다. 컴퓨터 한 대가 실패할 가능성은 10퍼센트, 두 대의 기계가 실패할 확률은 10%(0.1)×10%(0.1), 즉 1퍼센트(0.01)죠. 그러니까 성공률 99퍼센트가 됩니다." 리카이푸는 단지 컴퓨터 한 대를 추가로 배치하는 플랜 B만으로 성공률을 90퍼센트에서 99퍼센트로 올릴 수 있었다. (리카이푸, 《최상의 자신을 만들어라》 중에서)

내 결심을 방해할 수 있는 돌발상황은 무엇인가? 미리 준비해야 할 돌발상황에 대한 플랜B는 무엇인가?

낙하산은
항상
주낙하산과
비상낙하산이
한셋트!
내 삶의
'Plan B'
비상낙하산은
준비하고
계신가요?

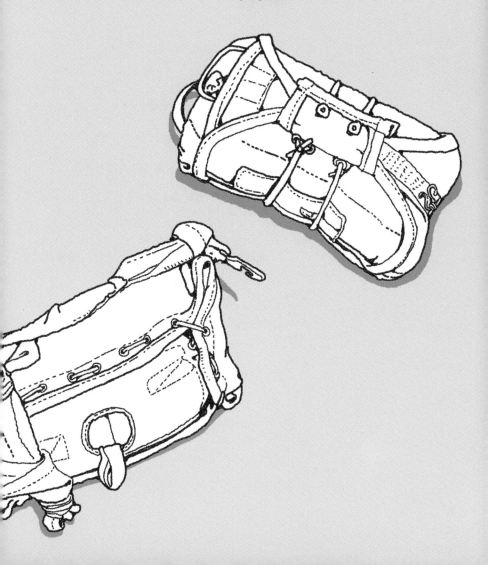

공개적으로 선언하라
어쩔 수 없이 하게 된다

자신의 의견이 공개될수록 그것을 변경하기는 점점 더 어려워진다
– 커트 모텐슨

"아버지가 해고당했습니다. 저라도 정신을 차리고 공부해야 하는데, 허구한 날 게임에 빠져 살고 있습니다. 마음속으로는 날마다 결심을 합니다. '게임하지 말자.' '공부에만 매달리자.' 그러나 아무리 다짐해도 3일을 넘기지 못하고 제 손은 저도 모르게 컴퓨터를 붙잡고 있습니다. 어떻게 해야 제 병을 고치고 정신 차릴 수 있을까요?"

– 정신 차리고 공부에만 전념하고 싶은 고1 남학생

번복이 어려워지도록
결심을 공개하자

결심이 흐지부지되고 마는 중요한 이유 중 하나는 마음속으로만 은밀하게 다짐하기 때문이다. '오른손이 하는 일을 왼손이 모르게 하라'는 성경 말씀은 누군가에게 도움을 줄 때는 다른 사람뿐 아니라 자기 자신조차도 모르게 하라는 뜻이다. 하지만 결심을 실천하고자 한다면 왼손이 하는 일을 오른손뿐 아니라 세상 사람들이 모두 알 수 있도록 공개적으로 선언해야 한다.

공개적으로 선언하면 정말 결심을 번복하기 어려울까? 심리학자 스티븐 헤이스Steven C. Hayes는 대학생 대상의 한 실험에서 목표를 공개한 학생들이 더 좋은 성적을 받는다는 사실을 확인했다. 첫 번째 집단은 자기가 받고 싶은 목표점수를 다른 학생들에게 공개하도록 했다. 두 번째 집단은 목표점수를 마음속으로만 생각하게 했다. 세 번째 집단은 목표점수에 대한 어떤 요청도 하지 않았다. 연구결과, 결심을 공개한 집단이 다른 두 집단보다 현저하게 높은 점수를 받았다. 결심을 마음속에 간직한 집단은 아예 결심을 하지 않은 집단과 통계적인 차이가 없었다. 은밀한 결심은 하지 않은 것과 같다.

심리학자 모튼 도이치Morton Deutsch는 대학생들에게 직선을 보여주면서 길이를 추정하게 했다. 첫 번째 집단은 추정치를 종이에 적어

제출하게 했다. 두 번째 집단은 추정결과를 화이트보드에 적은 다음, 남들이 보기 전에 지우게 했다. 세 번째 집단은 마음속으로만 생각하게 했다. 그런 다음 실험자는 모든 참가자들에게 추정치가 잘못됐다고 말해주면서 학생들의 태도가 어떻게 달라지는지 확인했다.

실험결과는 극적이었다. 추정치를 마음속으로만 간직했던 사람들은 주저하지 않고 자기의 생각을 수정했다. 반면, 추정결과를 글로 써서 사람들에게 공개했던 학생들은 자기 생각을 끝까지 고수했다. 자신의 생각을 말이나 글로 공개해버리면 어떻게든 그 생각을 바꾸지 않으려고 하는 게 사람의 마음이다.

심지어 "Yes!"라는 단 한 마디 말로 자신의 생각을 표현했을 때조차도 사람들은 그 말에 책임을 지려는 경향이 있다. 어느 연구자들은 한 실험자가 해변에 라디오를 두고 자리를 비울 때 다른 실험자 한 명이 그 라디오를 훔치게 하고 그걸 목격한 주변 사람들의 행동을 관찰했다. 이때, 한 조건에서는 라디오 주인이 아무 말 없이 자리를 떠나게 했다. 이 경우는 목격자 중 20퍼센트만 도둑이 라디오를 집어가는 것을 저지했다. 그런데 다른 조건에서는 라디오 소유자가 자리를 뜨기 전에 옆 사람에게 "제 물건 좀 봐주시겠어요?"라고 부탁하고 부탁받은 사람의 "Yes(그러겠다)!"를 유도했다. 그러자 놀랍게도 목격자 중 95퍼센트가 끝까지 도둑을 쫓아가 싸움을 해서라도 라디오를 되찾아왔다.

이처럼 사람들은 말이나 글로 자신의 생각을 공개하면 그 생각을 끝까지 고수하려는 경향이 있는데 이를 '공개선언 효과Public Commitment Effect'라고 한다. 그런데 결심을 공개적으로 선언하면 왜 번복하기가 어려울까?

첫째, 말이 우리의 행동을 결정하기 때문이다. '나는 공부를 좋아해'라는 말을 반복하다 보면 은연중에 스스로 공부를 좋아하는 사람이라고 판단하게 된다. 자신이 공부를 좋아하는 사람이라는 자아정체감Identity을 갖게 되면 공부를 열심히 할 수밖에 없다. 사람들은 자신의 말과 행동을 통해 자신의 태도를 판단하게 되고 태도는 행동을 결정한다. 그러므로 말을 바꾸면 행동이 달라진다.

둘째, 부정적인 평가를 받고 싶지 않기 때문이다. 사람들은 말과 행동이 불일치한 사람들에 대해 '겉과 속이 다르다'거나 '무책임하다'고 부정적으로 평가하는 경향이 있으며 심한 경우 '이중인격자' '사이코'라는 낙인을 찍기도 한다. 반면 말과 행동이 일치하는 사람에 대해서는 '언행일치' '믿을 수 있는' '일관성이 있는' '책임감이 강한' 등의 수식어를 붙여 긍정적으로 평가한다.

셋째, 스트레스를 줄일 수 있기 때문이다. 사람들은 자신의 말과 행동이 일치하지 않을 때 인지적 부조화 상태에 빠져 스트레스를 받게 된다. 그래서 어떻게 해서든 자신의 말과 행동을 조화상태로 일치시켜 스트레스를 줄이고 정신적 안정 상태를 추구하려는 경향이 있는데 이를 '인지부조화 이론Cognitive Dissonance Theory'이라고 한다.

다른 사람들에게 결심을 공개하면 목표달성에 도움이 되는 또 다른 이유가 있다. 실천이 어려워 중도에 포기하고 싶을 때 우리의 결심을 알고 있는 친구나 가족들로부터 도움을 받을 수 있기 때문이다. 결심이 흔들리기 쉬울 때는 도움을 줄 수 있는 누군가가 옆에 있다고 믿는 것 자체만으로도 큰 도움이 된다. 플리머스 대학의 시몬 슈날Simone Schnall 교수는 한 연구에서 사람들에게 언덕길을 오르게 하고 그 언덕의 높이와 오르기 힘든 정도를 추측하게 했다. 그 결과, 친구와 함께 오른 사람은 혼자 오른 사람에 비해 무려 15퍼센트나 언덕 높이를 더 낮게 추측했다. 심지어 단지 친구가 옆에 있다고 생각하는 것만으로도 언덕을 오르기가 더 쉽다고 보고했다. 그러므로 결심은 다른 사람과 공유할 때 더 지키기가 쉽다. 서로 감시자와 응원단이 되어주기 때문이다.

결심을 마음속에만
담아두는 까닭

결심을 실천에 옮기고 싶다면 다른 사람들에게 결심을 공표하는 것이 좋다. 그런데 왜 결심을 마음속에만 담아두는 사람들이 더 많을까?

첫째, 공개선언의 위력을 모르거나 개인적인 목표와 결심은 다른 사람에게 공개하는 것이 아니라는 고정관념을 갖고 있기 때문이다. 실제로 말만 앞세우거나 이런저런 시시콜콜한 개인적 결심들을 모두 남 앞에 털어놓는 사람은 뭔가 좀 부족하고 미숙한 사람이라는 평가를 받는 경향이 있다.

둘째, 극적인 효과를 노리기 때문이다. 한 예로, 학교에서는 별로 열심히 공부하지 않은 것처럼 하면서 집에 가면 잠을 줄여가며 열심히 공부하는 학생들이 많다. 은밀하게 실천해야 경쟁자들을 자극하지 않을 수 있고 예상치 못한 높은 점수로 야구경기의 역전승처럼 다른 사람들을 깜짝 놀라게 해줄 수 있기 때문이다.

셋째, 두려움 때문이다. 결심을 공개했다 중도 포기하면 체면이 구겨지고 비난을 받을 수도 있지만 혼자 결심하면 실패해도 비난과 책임을 피할 수 있다. 그래서 속으로만 했던 다짐은 나중에 실천이 어려워지면 은근슬쩍 없었던 것으로 끝낼 가능성이 더 높다.

'공개선언 효과'는 어른들에게만 적용되는 것이 아니다. 심리학자 윌리엄 워드William D. Ward는 공개선언 효과가 어린아이들에게도 막강한 힘을 발휘한다는 사실을 실험으로 밝혀냈다. 그는 유치원생들에게 공작대에서 놀 것인지 아니면 인형을 가지고 놀 것인지 선택해 친구들 앞에서 공개적으로 말하게 했다. 그런 다음, 아이들이 어떻게 놀고 있는지 관찰했다. 자유로운 상황이었음에도, 자신의 생각을 말로 공개한 아이들은 자기 말에 책임을 지려는 어른들처럼 약속한 방식의 놀이를 선택했다.

자녀들이 스스로 공부나 방 청소를 하게 만들고 싶은가? 그렇다면 아이들에게 일방적으로 명령하거나 다그치지 말자. 대신, 그들이 결심을 공개적으로 선언할 수 있는 방법을 찾아보자. 아이들이 사이좋게 지내도록 만들고 싶은가? 그렇다면 싸우지 말라고 혼내지 말고 사이좋게 지내겠다고 공개적으로 말할 기회를 제공하자.

외부의 힘을 활용해
자신을 통제하자

세계적인 복서 알리도 마주치고 싶지 않은 상대와 싸워야 할 때가 있었다. 그는 자서전에서 자기만의 비법을 공개했다. "그럴 때 나는 상대를 반드시 때려눕히겠다고 공개적으로 선언한다. 그리고 약속을 지키기 위해 막강한 스파링 파트너를 구해 미친듯이 연습했다." 그리하여 그는 역사상 가장 위대한 복서가 되었다. 자기통제력과 실천력이 뛰어난 사람은 외부의 힘을 활용해 자신을 통제한다. 공개선언은 외적인 힘을 이용한 가장 효과적인 방법

중 하나이다. 단, 공개선언 효과를 극대화하기 위해 고려해야 할 점
몇 가지가 있다.

첫째, 가능한 한 많은 사람들에게 공개해야 한다. 결심은 공개범
위가 넓을수록 실천 가능성이 높아진다. 일례로, 경남 남해의 한 마
을이 '금연마을'이 됐다고 TV에 소개된 적이 있었다. 몇 달이 지난
후, 기자가 그 마을에 다시 찾아가 아직도 금연을 계속하고 있느냐
고 묻자 한 할아버지는 이렇게 말했다. "금연마을이라고 전국에 소
문이 다 났는데 우째(어떻게) 딴 데(다른 곳) 가서 담배를 피우겠노."
결심을 성공적으로 실행에 옮기고 싶다면 특히 잘 보이고 싶은 사람
이나 체면을 지켜야 되는 사람 앞에서 공개적으로 선언해야 한다.
왜? 이들 앞에서는 누구나 자기 말에 더 책임지려고 하기 때문이다.

둘째, 반복해서 공개해야 한다. 다음은 얼마 전 내 강의를 들었던
독자로부터 받은 메일이다. 공개선언의 빈도가 늘어나면 결심을 번
복할 가능성은 그만큼 줄어든다.

"박사님은 저를 잘 모르시겠지만 저는 4~5년 전, 박사님의 강의를 들었습니다.
월급 90만 원의 강사 시절부터 저는 박사님의 책에서 본 대로 항상 주위 사람들
에게 '나는 반드시 최고의 원장이 될 거야'라는 말을 밥 먹듯이 했습니다. 또,
'그러기 위해 나는 남들보다 항상 더 일찍 출근하고 더 늦게 퇴근한다'고 반복해
서 말했습니다. 그러다 보니 정말 체면에 걸린 듯 그렇게 행동했고, 지금은 억대

연봉을 받는 이 지역 최고의 학원 원장이 되었습니다. 그렇게 반복해서 주위 사람들에게 선언하지 않았더라면 저는 이 자리에 있지 못했을 겁니다."

셋째, 극적인 효과를 원한다면 극적인 방법을 찾아보자. 내 독자 중 한 명이 체중을 줄이는 게 죽기보다 어렵다고 말하면서 조언을 청했다. 나는 그녀에게 다른 사람들의 통제력을 활용하면 죽기보다 훨씬 쉬운 방법으로 체중을 줄일 수 있다며 공개선언 효과에 대해 설명해줬다. 얼마 후, 그녀로부터 이런 메일을 받았다. 극적인 효과를 원한다면? 극적인 방법으로 공개하자.

"교수님 메일을 받고 제 조원들에게 한 달 안에 2킬로그램을 빼지 못하면 대신 점심 식사로 개 사료를 먹겠다고 공표했습니다. 그러면서 절대 간식이나 먹을 것을 권하지 말아달라고 부탁했습니다. 그러자 3개월 만에 무려 10킬로그램이나 몸무게가 줄었습니다. 이제 77 사이즈 옷을 66 사이즈로 입는 것이 목표입니다. 그래서 아침조회 시간에 동료들 앞에서 올해 안에 66 사이즈에 허리 26인치가 되겠다고 공표해버렸습니다. 그리고 음식의 유혹을 뿌리치기 힘들 때마다 저는 속으로 이렇게 외치고 있습니다. '나는 개가 아니다!'"

넷째, 결심을 확실하게 실천하고 싶다면 공개방법을 더 많이 찾아보자. 금연을 결심했다면 부끄러워하지 말고 주위 사람들에게 자신을 붙잡아달라고 부탁하자. 사람들을 만나면 "요즘 담배를 끊었더니……"라는 식으로 일부러라도 대화 중에 결심 내용을 끼워 넣자. 책을 읽고 싶은가? 그럼 다음 모임에 독후감을 발표하겠다고 자청하자. 체중을 줄이고 싶은가? 매주 한 번씩, 블로그에 체중을 공개하자. 방문자가 많지 않아도 좋다. 결심을 만천하에 공개했다는 사실 자체만으로도 번복 가능성은 줄어들고 실천 가능성은 높아진다. 문자, 이메일, 트위터나 페이스북으로 지인들에게 결심을 밝히고 간간이 "다이어트 어떻게 돼갑니까?"라고 물어봐달라고 부탁하자.

다섯째, 분명하게 선언하고 약속을 지키지 않았을 때 치러야 할 대가를 밝혀두자. "때가 되면 저도 금연을 한번 해볼까 합니다." 하고 언제든 빠져나갈 수 있게 발가락만 살짝 담그면 안 된다. 다음과 같이 발을 뺄 수 없게 푹 담가야 한다. "저는 오늘부터 담배를 끊었습니다. 만약 담배를 한 대라도 피운다면 1천만 원을 제가 가장 싫어하는 정당에 무기명으로 기부하겠습니다." 이처럼 결심을 구체적으로 선언하고, 이를 지키지 못했을 때 치를 대가를 분명하게 제시해야 한다.

"금연 클리닉에 등록했습니다. 들어가기 전에 담배 한 대를 깊이 빨아들이면서 이별 세리머니를 했습니다. 몇 개비 피우지 않았던 담배를 통째로 버리려니 마치 애인과 헤어지는 것처럼 서운했습니다. 그날, 저는 제가 아는 모든 사람들에게 이런 문자를 보냈습니다. 'OOO입니다. 그동안 26년이나 피워왔던 담배를 오늘부로 끊었습니다. 도와주십시오. 혹시 제가 담배 피는 모습을 보시는 분께는 10만 원을 드리겠습니다.' 집에는 거실 벽에 이렇게 써붙였습니다. '아빠, 담배 끊었다.' 그 후 6개월이 지난 지금까지 한 번도 담배를 입에 대지 않고 있습니다."

결심을 번복하고 싶다면 아무도 눈치 채지 못하게 은밀하게 하라. 하지만 결심을 실천하고 싶다면 널리 선포하라. 번복할 가능성이 높은 결심은 더 널리 공개하라. 공개선언을 해서라도 반드시 실천하고 싶은 그대의 결심은 무엇인가?

Stop: 매번 결심하고도 실천에 옮기지 못한 일 한 가지를 찾아보자.

_____

_____

_____

Think: 목표 달성을 위해 어떤 내용을, 누구에게, 어떻게 공개하겠는가?

_____

_____

_____

Action: 공개선언한 약속을 지키지 못했을 때 누구에게 어떤 대가를 치르겠는가?

_____

_____

_____

일일부작 일일불식

평생 고절苦節과 힘든 수행을 했기로 유명한 중국의 백장회해百丈懷海 선사는 선가의 온갖 직책에서부터 식사에 이르기까지 지켜야 할 여러 규율의 지침서인 '백장청규百丈淸規'를 제정했다. 백장 선사는 '하루 일하지 않으면 하루 먹지 않는다' 는 '일일부작 일일불식一日不作 一日不食'의 가르침을 평생 몸소 실천한 것으로 유명하다. 그는 총림 방장의 위치에 있을 때조차도 매일 실행하는 노동에 가장 먼저 앞장섰다. 백장 선사가 90세가 되어서도 다른 사람들처럼 일을 하므로 제자들이 차마 보고 견딜 수가 없어 하루는 가만히 선사의 농기구를 감추고 쉬기를 간청했다. 이에 선사는, "내가 아무런 덕이 없는데 어찌 남들만 수고스럽게 하겠는가"라고 하면서 두루 도구를 찾아보았지만 찾지 못했다. 그러자 그날 하루 동안 식사를 하지 않았다. 수행자라 할지라도 부지런히 일 하지 않으면 먹지도 말라는 칼날 같은 가르침이었다. 그의 이런 정신과 사상은 결국 노동과 참선을 일치 시키는 선종의 수행 가풍으로 정착되어

一日不作
一日不食

내 입으로
한말
내 입으로
지키는거!

선문의 준칙으로 계승됐다. 이처럼 좌선수행과 노동생산을 일치시키는 것을 '농선農

禪' 혹은 '선농겸수禪農兼修'라고 칭한다.

생각만 하고 실천하지 못하고 있는 결심들은 무엇인가? 지키지 못한다면 세 끼

를 굶겠다고 공개적으로 선언하고 싶은 결심은 무엇인가?

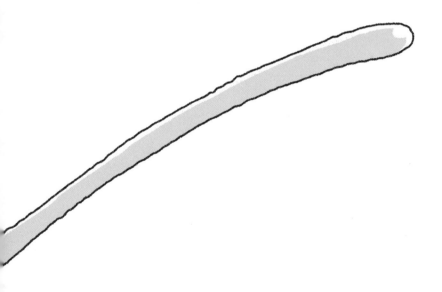

절박한 이유를 찾아내라
그 누구도 못 말린다

사람들은 자신이 하고 싶은 일을 할 수 없는 수천 가지 이유를 찾고 있는데,
정작 그들에게는 그 일을 할 수 있는 한 가지 이유만 있으면 된다
– W.R. 휘트니

"저는 휴학을 하고 공무원 시험 준비를 하고 있는 여대생입니다. 지난 9월에 시행된 시험에서 떨어졌고 내년 3월에 시험이 다시 있는데 공부가 안 됩니다. 휴학한 게 잘한 것인지도 모르겠고 시간이 많이 남아 있다는 생각에서인지, 의욕이 없어서인지, 뭐가 문제인지 잘 모르겠습니다. 안 되는 줄 알지만 공부보다 남자친구를 떠올리며 딴 생각을 할 때가 더 많습니다. 이제 달라지고 싶습니다!"

– 공무원 시험을 준비 중인 20대 여대생

변화를 원하면서도
실천하지 않는 까닭

달라지고 싶다면서도 왜 변화하지 않는 걸까? 지금까지의 삶이 만족스럽지 않다면, 지금까지 왜 그렇게 살아왔는지 그 이유를 먼저 찾아봐야 한다. 시험 준비를 위해 휴학까지 했는데도, 낙방의 고배까지 마셨는데도 왜 최선을 다하지 않았을까? 시간이 많아서? 의욕이 없어서? 남자친구 때문에? 아니다. 사실은 그런대로 견딜 만하기 때문이다. 아직은 충분히 고통스럽지 않기 때문이다. 절실하게 원하는 것이 없기 때문이다.

월드스타 비는 한 인터뷰에서 마지막 오디션을 이렇게 회상했다. "당시 나는 벼랑 끝에 서 있었고, 더 이상 밀려날 곳이 없었다. 어머니의 병원비는 밀렸는데 차비조차 없고, 돌봐주어야 할 여동생까지 있었기 때문에 무엇이든 하지 않으면 안 되는 상황이었다. 만약 내가 쥐였다면 내 앞을 막아선 고양이를 물고서라도 뛰쳐나가야만 하는, 도무지 숨을 데도 피할 데도 없는 상황이었다. 여기서 떨어진다면 더 이상 갈 곳이 없다는 절박감에, 오디션을 보는데 한 번도 쉬지 않고 총 다섯 시간을 내리 춤췄다. 그렇게 해서 오디션에 합격했다."

그는 18번이나 오디션에 떨어졌지만 '이거 아니면 죽을 것 같은' 생각 때문에 포기하지 않았다. 오디션에 붙는 것은 그에게 정말 절박한 문제였다. 딴 생각을 할 수가 없는 상황이었다. 그는 세계적인 스타가 된 지금도 초심을 잃지 않고 '이거 아니면 죽는다'는 심정으로 활동하고 있다고 말한다.

뭔가 해내고 싶다면 막연히 '해보겠다'고 생각해서는 안 된다. '왜 해야 하는지' 그 절실한 이유를 찾아내야 한다. 상황이 절박해지거나 절실한 이유가 만들어지기만 하면 우리의 선택은 순식간에 단순해진다. 딴 생각을 할 수가 없다. 우리 마음속에 간절히 원하는 것이 자리를 잡게 되면 그걸 방해하는 유혹을 뿌리치는 것은 식은죽 먹기처럼 쉬워진다. 어떤 목표라도 절실한 이유를 찾아내 절박한 심정으로 덤비면 그 목표는 이미 절반은 성취한 셈이 된다. 우리가 원하면서도 아직 실천하지 않는 것이 있다면 그만큼 절실하지 않기 때문이다. 마음속에 아직 그 일이 0순위(최우선순위)로 자리 잡지 못했기 때문이다.

자신의 처지에 불만족하는 사람들은 하나같이 변하고 싶다고 말한다. 하지만 그걸 실천하는 사람은 의외로 적다. 고통을 겪으면서도 사람들이 달라지지 못하는 이유가 뭘까? 아직은 충분히 고통스럽지 않기 때문이다. 변화를 여러 번 시도했지만 매번 실패했다면 실패에 따르는 고통의 강도가 충분히 크지 않기 때문이다. 인간은 정말 고집스런 동물이다. 충분히 고통스럽지 않으면 스스로 변화를 시도하지 않는다. 대부분의 사람들은 그렇다. 하지만 소수의 성공하는 사람들은 다르다. 그들은 외부로부터 고통스런 충격을 받기 전에 행동을 바꾼다. 변화하지 못했을 때 겪게 될 훗날의 고통을 끌어당겨 스스로를 절박한 상황으로 내몰 수 있기 때문이다. 이것이 바로 스스로를 동기화시키는 '자기동기화Self-Motivating 능력'이다.

변화에는 반드시 두 가지 이유가 필요하다

변화가 일어나려면 반드시 다음 두 가지가 필요하다. 첫째, 현재 상태에서 벗어나지 않으면 안 될 절박한 이유가 있어야 한다. 둘째, 어떤 일이 있어도 원하는 목표를 달성해야 할 간절한 이유가 있어야 한다. 변화를 원하면서도 변화하지 못한다는 것은 현재 상황이 그리 절박하지 않고 간절하게 원하는 것도 없다는 뜻이다. 그 상태로는 절대로 변화에 성공할 수 없다. TV에 출연했던 '공신(공부의 신)' 한 명은 이렇게 말했다. "공부는 열심히 하는 사람보다 즐기는 사람이 더 잘해요. 그런데 즐기는 사람보다 더 잘하는 사람이 어떤 사람인지 아세요? 급한 사람이에요. 제게는 공부밖에 할 수 없는 '절박한 이유'가 있었기 때문에 이 자리에 설 수 있었어요. 저도 사실 공부는 싫었거든요." 공부가 되었건, 다이어트가 되었건 아니면 사업이 되었건 포기하지 않고 끝까지 밀고 나가려면 그만큼 절박한 이유가 있어야 한다. 그리고 힘들게 원하는 상태에 도달했을 때 충분한 보상이 되는 간절하게 원하는 그것이 있어야 한다. 매사가 다 그렇지만 '해도 그만, 안 해도 그만'의 자세로는 절대로 남다른 일을 해낼 수 없다.

니체는 이렇게 말했다. "살아야 할 이유를 아는 사람은 그것에 이르는 방법도 찾아낸다." 목표를 달성할 절실한 이유를 찾아내는 사람은 그 방법도 어떻게든 찾아낸다. 공부를 더 잘하고 싶다면, 경제적 상황을 개선하고 싶다면, 그것을 해야 할 절실한 이유를 만들어내야 한다. 스스로를 절박한 상황으로 내몰아야 한다. 효과적으로 행동을 바꾸는 것은 단 한 가지뿐이다. 아직 바꾸지 못하고 있는 습관을 견딜 수 없을 정도의 고통과 연결시키고, 새로운 행동을 믿기 어려울 정도의 엄청난 보상과 연결시키는 것이다.

🖉 자기 동기화 3단계

- **Step1**: 바꾸고 싶은 습관이나 실천하고자 하는 결심 한 가지를 찾아본다.
- **Step2**: 변화하지 않았을 때 겪게 될 끔찍한 상황을 생생하게 상상한다.
- **Step3**: 결심을 실천했을 때 일어나는 긍정적인 변화를 상상하면서 액션플랜을 세운다.

파생 효과를 생각하면
포기가 안 된다

"이걸 꼭 해야 돼?" "그만둔다고 뭐 큰일나겠어?" 사람들은 하던 일을 계속하기가 힘들 때 이렇게 중얼거리면서 중도에 포기한다. 그런데 평범한 사람들만 그럴까? 에디슨은 1,000번 이상의 실패에도 포기하지 않고 전구 발명에 성공했다. 그렇다면 에디슨은 포기하고 싶을 때가 한 번도 없었을까? 물론 아니다. 에디슨 역시 계속되는 실패에 포기하고 싶었다. 그러나 그걸 견뎌냈다. 그 힘은, 그가 전구의 발명이 그 자체로 끝나지 않는다는 것을 이미 알고 있었다는 것이다.

어떤 일이 일어나면 그 일로 인해 크고 작은 수많은 일들이 일어나게 되는데 이를 '파생 효과Derivative Effect'라고 한다. 특히 발명이나 기술상의 한 가지 새로운 변화는 개인의 삶뿐만 아니라 집단 전체에 광범위한 변화를 일으킨다. 사회학자 윌리엄 오그번William Ogburne은 라디오 발명 하나가 가져온 사회적 변화는 무려 150가지가 넘는다고 말했다. 수없이 반복되는 실패 속에서 에디슨을 버텨낼 수 있게 한 것은 바로 '파생 효과 노트'였다. 그는 포기하고 싶다는 생각이 들 때마다 꿈이 실현된 후 일어날 수 있는 파생 효과들을 글로 정리했다. 전구에 대한 아이디어를 한 페이지로 정리했다면 전구 발명

후, 그것으로 얻을 수 있는 파생 효과에 대해서는 무려 아홉 페이지에 걸쳐 정리했다. 예컨대 이런 식이었다.

"내가 실용적이며 내구성이 강한 전구를 만들어내면 미국의 모든 가정, 공장, 사무실, 건물, 농장에서 석유램프나 가스등을 내가 발명한 전구로 교체할 것이다. 그렇게 되면 전기가 많이 필요할 것이고 그러면 나는 발전기를 만들어 판매할 것이다. 처음에는 사람들이 전구만 사용하겠지만 전기가 공급되기 시작하면, 나중에는 노동력을 줄이고 효율성과 생산성을 높이기 위해 다른 여러 가지 전기제품들을 구입하게 될 것이다. 나는 그런 전기제품들을 발명할 것이고 이모든 제품들을 미국뿐 아니라 북미, 남미, 유럽, 아시아 등 전 세계에 판매할 수 있을 것이다."

에디슨이 전구 몇 개 파는 것이 전부라고 생각했다면 과연 전구 발명 과정에서 겪은 수천 번의 실패를 견뎌낼 수 있었을까? 그는 거듭된 실패로 포기하고 싶은 유혹을 느낄 때마다 노트에 적어놓은 전구 발명의 파생 효과를 읽어봤다. 한 가지 목표를 포기하면 그 목표뿐 아니라 그것이 성취된 이후의 수많은 파생 효과들까지도 모조리 포기해야 한다는 생각을 되새기면서 집념을 불태웠다. 그리하여 수도 없이 거듭된 실패에도 포기하지 않고 결국 전구 발명에 성공했다. 크고 작은 목표를 추구하는 과정에서 목표달성 후의 파생 효과까지 모두 찾아보는 것은 고난과 좌절을 이겨내게 해주는 중요한 원동력이 된다.

🖉 '파생 효과 노트' 작성의 세 가지 효과

❶ 일이 재미있어진다: 훗날 만들어낼 수 있는 결과를 상상함으로써, 해야만 하는 일을 하고 싶은 놀이로 바꿀 수 있다.

❷ 동기부여가 된다: 일이 끝난 후의 즉각적 보상뿐 아니라 장기적 파생효과 때문에 포기할 수 없게 된다.

❸ 자부심을 갖게 된다: 중도에 포기하는 사람들과 달리 끝까지 노력하는 모습을 보면서 스스로 남다르다는 자부심을 갖게 된다.

전구를 발명하는 것과 같이 거창한 일을 할 때만 파생 효과가 중요한 게 아니다. 남편이 말을 꺼내기 전에 시부모님의 생일파티를 멋지게 열어드리자고 제안하면 어떤 파생 효과들이 일어날까? 아무도 없는 사무실에 제일 먼저 나와 혼자만의 시간을 갖는 작은 습관의 파생 효과를 생각할 수 있는 사람은, 몇 년 후 그렇지 못한 사람과 완전히 다른 삶을 살게 될 것이다. 아침에 일어나 배우자에게 건네는 따뜻한 눈길 한 번의 파생 효과가 얼마나 큰지를 깨닫게 되면 이혼율은 줄어들고 부부 만족도는 증가할 것이다. 동료에게 베푼 작은 친절 하나가 얼마나 광범위한 결과를 만들어내는지 예상해볼 수 있다면 직장 분위기는 완전히 달라지고 성과도 한결 증대될 것이다.

뭔가를 원하면서도 제대로 실천하지 못하는 사람들, 그들에게는 수천 가지의 실천할 수 없는 이유들이 있다. 하지만 정작 그들에게 필요한 것은 그것을 실천해야 하는 단 한 가지 절실한 이유이다. 20년 이상 늦잠 자는 버릇을 못 고친 사람도 사귀고 싶은 사람이 아침운동을 함께 하자고 제안한다면 끈질기게 그를 붙들고 있던 늦잠 자는 버릇은 한순간에 사라질 것이다. 해야 할 이유를 찾으면 그렇게 하기 싫던 공부도 누군가 하지 못하게 하면 화가 날 정도가 된다. 이화여대 최재천 교수는 한 인터뷰에서 이렇게 말한 적이 있다. "공부도 왜 해야 하는지를 깨닫고 나면 하지 말라고 하면 슬퍼지죠. 저 역시 공부하기 싫어서 환장했던 학생이었습니다." 그러므로 무슨 일이든 그 일을 해야 하는 딱 한 가지의 제대로 된 이유만 찾아내면 된다.

포기하지 않고 끝까지 결심을 실천하는 사람들, 그래서 성공적인 삶을 살아가는 사람들, 그들의 공통점은 다른 사람들이 '할 수 없는 수많은 핑계'들을 찾고 있을 때 '해야만 하는 한 가지의 절실한 이유'를 찾아낸다는 것이다.

그대가 반드시 실천하고 싶은 결심은 무엇인가? 그 결심을 반드시 실천해야 할 절실한 이유는 무엇인가?

Stop: 그런 대로 견딜 만하기 때문에 아직 바꾸지 않고 있는 나쁜 습관들을 찾아보자.

Think: 그중 한 가지를 골라 그 습관을 바꾸지 못했을 때의 부정적 파생 효과를 찾아보자.

Action: 그 습관을 바꿀 수 있는 일 한 가지를 실천하고, 그 일로 인해 일어날 수 있는 긍정적 파생 효과를 찾아보자.

누가 알아주기나 하겠어?

시스티나 성당은 1481년 로마 바티칸에 세워진 교황 전용 예배당이자 오늘날까지 교황을 선출하는 추기경 회의인 콘클라베의 개최장소로 사용되고 있다. 1508년, 미켈란젤로는 교황 율리우스 2세의 요청에 따라 이 성당에 불후의 명작인 〈천지창조〉를 그리게 된다. 그는 날마다 성당에 틀어박혀 사람들의 출입을 금지하고 무려 4년 동안 고개를 뒤로 젖힌 채 거의 누운 자세로 천장화 그리는 일에만 매달렸다. 그는 이 자세가 습관이 되어 한동안 편지도 종이를 치켜들고 머리를 젖힌 채 읽었다고 한다. 어느 날, 여느 때처럼 천장 밑에 세운 작업대에 앉아 고개를 뒤로 젖힌 채 천장 구석구석에 심혈을 기울여 그림을 그리고 있는 미켈란젤로에게 한 친구가 물었다. "여보게, 잘 보이지도 않는 구석까지 뭘 그렇게 정성을 들여 그리나? 누가 그걸 알아준다고!" 그 말에 미켈란젤로는 이렇게 대답했다. "그거야 내가 알지!"

누가 알아주든 말든, 잘 보이지 않는 구석구석까지 혼신의 힘을 다하는 미켈란젤로처럼 일 자체가 좋아서 하는 태도를 심리학에서는 '미켈란젤로 동기 Michelangelo Motive'라고 한다. 미켈란젤로처럼 아무도 알아주지 않아도 좋은 일, '내가 좋아서' 몰두하고 있는 일은 무엇인가?

모든 위대한 성취는

행동함으로써 이루어지고,

실천하지 않으면

아무것도 달라지지 않는다.

2장

실천

Taking Action

즉시 행동으로 옮겨라

당장 실천하라
제일 적당한 때는 지금이다

결단을 내리는 데 시간이 걸리는 사람을 비난해서는 안 된다. 정작 비난해야 할
대상은 결단을 내린 뒤에도 실행에 옮기는 데 시간이 걸리는 사람이다
– 시오노 나나미

"교수님, '시험공부 7단계'라는 유머 아세요? '1단계: 집에 가서 해야지 → 2단
계: 저녁 먹고 해야지 → 3단계: 배부르니 좀 쉬었다 해야지 → 4단계: 지금 보
는 TV만 보고 해야지 → 5단계: 밤새워 열심히 해야지 → 6단계: 내일 아침에
일찍 일어나서 해야지 → 7단계: 이런 젠장 ㅠ.ㅠ' 100퍼센트 저와 똑같습니다.
보통 5단계까지는 꼭 달성하는 것 같습니다. 오늘까지만 놀고 내일 아침부터는
열심히 운동을 해야지. 오늘까지만 먹고 내일부터 다이어트를 시작해야지. 주중
에는 바쁘니까 주말에 부모님께 전화를 드려야지……. 매사가 그렇습니다. 해야
할 일을 안 하고 뒤로 미루는 이 몹쓸 병, 어떻게 해야 치료가 될까요?"

– '내일 해야지' 병에 걸린 대학교 2학년 남학생

신년 결심이 작심삼일로
끝날 수밖에 없는 까닭

왜 굳은 결심들이 자꾸 뒤로 미뤄지는 것일까? 왜 거창하게 다짐했던 신년 결심조차 막상 새해가 시작되면 슬그머니 없던 일이 되어버릴까? 가장 큰 이유는 우리 마음속에 실천하지 않겠다는 강한 동기가 깔려 있기 때문이다.

"밥 먹고 하겠다"는 말에는 '지금은 하기 싫다'는 강한 거부심리가 숨어 있고, "내일 아침 일찍 일어나 공부하겠다"는 말 속에는 '오늘은 절대 공부를 하지 않겠다'는 강한 의지가 숨어 있다. "새해에 담배를 끊겠다"는 것은 '지금 당장은 담배 끊을 생각이 없다'는 것이고 "결혼기념일에 다이어트를 시작하겠다"는 것은 '그때까지는 배가 터지도록 먹겠다'는 다른 표현이다. 그러므로 특별한 시간, 특별한 날로 결심을 미룬다는 것은 겉으로 아무리 변화를 원한다고 해도 내면에서는 절대로 변화하지 않겠다고 말하는 것과 같다. 그래서 막상 실천해야 할 시간이 다가오면 그 결심은 다시 내일, 그리고 내년으로 쉽게 미뤄진다.

결심을 뒤로 미루는 또 한 가지 중요한 이유는 똑같은 일도 시간에 따라 그 어려움의 정도가 다르게 느껴지기 때문이다. 당장 공부하기는 싫지만 저녁 먹고 난 다음에는 왠지 공부가 잘될 것 같다. 지금 꺼내 든 담배는 참기 어렵지만 새해 첫날부터 담배를 끊는 것은 왠지 식은죽 먹기처럼 쉬울 거라 느껴진다. 이처럼 같은 일도 시간적 거리에 따라 실천의 용이성이 다르게 지각되는 현상을 '시간불일치Time Inconsistency 현상'이라고 한다. 그래서 나중에 실천할 계획은 거창하기 마련이고, 아무리 작은 일도 당장 실천하기에는 어렵다. 그래서 실천은 계속 나중으로 밀리게 된다.

우리 모두는 때때로 당장 할 수 있는 일도 꾸물거리면서 미루고, 굳게 결심한 다짐도 슬며시 실천을 뒤로 미룬다. 타고난 익살과 재치로 유명했던 작가, 조지 버나드 쇼는 그의 명성에 걸맞게 죽기 오래전에 자신의 묘비명을 이렇게 적어놓았다. "우물쭈물하다가 내 이렇게 될 줄 알았지!"

그는 왜 살아생전에 그런 묘비명을 만들어두었을까? 그 역시 우리와 마찬가지로 미적거리며 중요한 일을 뒤로 미루는 버릇이 있었기 때문이 아닐까? 아마도 그는 그런 자신을 다잡기 위해 이렇게 기상천외한 묘비명을 생각해냈을 것이다. 그리하여 그는 늙어서도 집필, 대중강연, 사회운동 등 그 누구보다 왕성한 활동을 하다가 94세에 세상을 떠났다.

백만장자들은
회신 속도가 다르다

나는 아주 예외적인 경우가 아니면 메일의 답신을 곧바로 보내는 편이다. 언젠가 한 독자는 내가 보낸 답신 메일을 읽고 이런 내용의 메일을 다시 보내왔다.

"교수님, 빠른 회신에 감사드립니다. 거의 채팅 수준입니다. 이렇게 빨리 답장을 주실 줄은 상상도 못했습니다. 곧바로 보내주신 메일을 읽으면서 혼자 이런 생각을 했습니다. '저자 선생님, 할일 참 없으신가 보다.' 죄송합니다.^^ 저는 이 일로 중요한 것 하나를 깨달았습니다. 제가 그동안 힘들게 살아왔던 이유 중 하나가 바로 반응시간이 늦기 때문일지 모른다는 것입니다. 꾸물거리고 미루는 게 제 특기거든요……."

경영 컨설턴트인 혼다 켄本田健은 부자들의 생활습관을 연구하기 위해 일본 국세청 고액납세자 명단을 확보해 그중 백만장자 1만 2천 명을 대상으로 인터뷰와 설문조사를 실시했다. 그의 조사에서 밝혀진 부자들의 재미있는 특성 중 하나는 고액의 소득자일수록 설문조사에 대한 응답시간이 빨랐다는 것이다. 부자들이라 한가해서 그럴까? 아니다. 그들은 어차피 할 일이라면 빨리 처리하는 것이 여러

모로 유리하다는 사실을 체험을 통해 알고 있기 때문이다. 바쁜 일상 속에서도 신속하게 결정하는 습관이 몸에 배어 있기 때문이다. 부자들은 비즈니스뿐 아니라 개인적인 편지나 이메일의 답신이 빠르고, 누군가로부터 작은 도움이라도 받으면 감사 편지도 신속하게 보내는 것으로 조사됐다.

신속하게 반응하면 어떤 상황에서든 사람들의 호감과 신뢰를 얻을 수 있다. 왜냐하면 사람들은 상대가 신속하게 반응할 때 자신이 존중받고 있다고 느끼며, 상대를 신뢰할 수 있는 사람이라고 판단하기 때문이다. 전화나 문자 응답이 늦거나 없으면 그 사람이 자기를 무시하거나 모욕하는 것처럼 느껴진다고 말하는 사람들도 많다.

실제로 뭐든 빨리빨리 해치우는 사람도 싫어하는 사람이 요청을 하면 일부러라도 늑장을 부리게 마련이고 굼벵이처럼 게으른 사람도 정말 좋아하는 사람 앞에서는 갑자기 반응속도가 빛의 속도로 빨라진다. 그러므로 어차피 할 일이라면 속전속결로 처리하는 게 좋다. 속도는 자신을 다른 사람들과 차별화할 수 있는 가장 효과적인 수단이고 우위선점 가능성에 대한 가장 확실한 예측변인이다. 해야 할 일을 신속하게 처리하면 상대방뿐만 아니라 우리 자신에게도 도움이 되는데 거기에는 몇 가지 근거가 있다.

첫째, 더 중요한 일을 더 능률적으로 할 수 있다. 신속하게 처리해 머릿속에서 그 일을 지워버리면 컴퓨터를 사용할 때 CPU를 차지하고 있는 중요하지 않은 프로그램을 꺼두는 것과 같은 효과로 중요한 일의 처리속도가 빨라진다. 둘째, 삶이 더 자유로워진다. 해야 할 일을 뒤로 미루면 잊어버리지 않기 위해 그 일을 늘 머릿속에 생각하고 있어야 하므로 일이 마무리될 때까지 계속 미룬 일에 대한 구속을 받게 된다. 셋째, 원하는 것을 더 많이 얻을 수 있다. 신속하게 반응해 다른 사람들로부터 신뢰를 받고 호감을 살 수 있기 때문에, 더 풍요로운 삶을 살게 된다. 무슨 일을 하건 속도는 유리한 입지를 확보하는 데 가장 중요한 기능을 한다. 그러므로 곧바로 처리할 수 있는 일은 가능한 한 즉시 처리해야 한다.

베스트셀러 작가인 폴 멕케나Paul McKenna는 부자들의 성공요인을 찾아내기 위해 리처드 브랜슨Richard Branson 버진 그룹 회장 등 수많은 백만장자들을 인터뷰해서 이들의 성공전략을 여섯 가지로 정리했다. 그 다섯 번째 전략이 '신속성'인데 성공한 기업가들은 대부분 새롭게 구상한 일이 있으면 24시간 내에 뭔가를 실행한다는 것이다. 우리도 결심을 하면 24시간 내에 행동에 나서는 습관을 들여보자. 책을 구입하면 24시간 내에 한 페이지라도 읽어보자. 다 읽은 후에는 하루가 지나기 전에 그 내용을 누군가에게 알려주자. 어떤 식으로든 24시간 안에 그 첫걸음을 내딛자.

지금 아니면 언제?
실천하기 좋은 특별한 날은 없다

중요한 일을 미루는 것은 불행한 사람들의 공통점이다. 그들은 '나중에!' '내일' '언젠가'라는 단어를 입에 달고 다닌다. "지금은 내키지 않으니까 나중에 하자." "오늘은 바쁘니까 내일 하자." 그들은 지금은 때가 아니라고 실천을 미룬다. 그러면서 새해가 되면, 생일날부터, 결혼기념일부터 시작하겠다고 다짐한다. 새로운 시작을 위해 완벽한 타이밍은 없다. 새해 첫날이 되어야 수호천사가 내려오는 것도 아니고 생일날이 되어야 마법 같은 일이 일어나는 것도 아니다. 금연을 하기에 가장 좋은 날은 없다. 공부를 시작하기에 가장 좋은 시간도 없다. 실천하기 가장 좋은 날은 '오늘'이고 실행하기 가장 좋은 시간은 '지금'이다. 결심을 실천하기에 지금보다 좋은 때는 없다. 어떤 특별한 날부터 금연을 하겠다고 생각하지 말고 오늘 당장 금연을 시작해서 그날을 특별한 날로 만드는 게 낫다.

삶에서 가장 파괴적인 단어는 '나중'이고, 인생에서 가장 생산적인 단어는 '지금'이다. 힘들고 불행하게 사는 사람들은 "내일 하겠다"고 말하는 반면, 성공하고 행복한 사람들은 "지금 한다"고 말한다. 그러므로 '내일'과 '나중'은 패자들의 단어이고 '오늘'과 '지금'

은 승자들의 단어이다. 다른 사람들보다 많은 성과를 내고 빠른 시간에 승진을 하고, 더 많은 소득을 올리는 사람들의 핵심자질은 무엇일까? 바로 결심을 곧바로 행동에 옮기는 행동지향성이다.

콘티넨탈 항공의 최고운영책임자Chief Operating Officer로 회사의 회생을 이끈 그레그 브렌먼Greg Brenneman은 그것을 가능하게 한 것은 행동지향성 덕분이라며 다음과 같이 말했다. "우리는 행동하고 결코 뒤를 돌아보지 않았기 때문에 콘티넨탈을 구할 수 있었다." 일본전산은 '즉시 한다' '반드시 한다' '될 때까지 한다'는 모토로 시골의 작은 기업에서 시작해 계열사 140개를 거느린 거대 그룹으로 성장했다. 조직행동 전문가이며 미국 스탠퍼드 대학 교수인 제프리 페퍼Jeffrey Pfeffer 역시 탁월한 성과를 내는 개인과 조직의 가장 특징적인 자질을 '행동지향성'으로 꼽고 있다.

광고 역사상 가장 뛰어난 3대 캠페인 중 하나가 바로 나이키의 "Just Do It(그냥 해 버려)!"이다. 1970년대 당시 세계적으로 가장 유명한 스포츠 신발 브랜드는 아디다스였다. 그런데 몇 명의 젊은이들이 모여서 스포츠 신발 회사를 세워 아디다스에 도전했다. 주위 사람들은 모두 가망 없다고 말렸지만 그들 중 한 명이 그냥 해보자면서 "Just do it!" 캠페인에 대한 의견을 내놨다. 그들은 곧바로 행동으로 옮겼다. 이 캠페인으로 나이키의 시장점유율은 18퍼센트에서 43퍼센트로 껑충 뛰었고 나이키는 아디다스를 밀어내고 세계 제

일의 스포츠 신발 업체가 되었다.

실천력을 높이고 싶다면, 그래서 성공 가능성을 높이고 싶다면 이 것저것 따지지 말고 지금 당장 목표와 관련된 뭔가를 저질러야 한 다. 언젠가 아내와 다투고 나서 냉전상태가 며칠 지속될 때의 일이 생각난다. 아무렇지도 않은 듯 태연함을 가장했지만 인상을 잔뜩 찌푸리고 있는 내게 중학생 딸아이가 가만히 다가와 내 귀에다 대 고 이렇게 속삭였다. "아빠, 너무 따지지 말고 그냥 미안하다고 얼 른 말하세요!" 딸아이 덕택에 그날 밤 우리 가정은 다시 평화를 되 찾았다. 우리 아이들은 가끔씩 내게 큰 가르침을 주는 소중한 스승 이 된다.

내 지도학생 중 한 명이 이렇게 물어왔다. "교수님, 어떻게 하면 교수님처럼 아침에 거뜬히 일어날 수 있을까요? 저는 아침에 일찍 일어나는 것이 정말 힘들어요." 그래서 나는 이렇게 말해줬다. "딱 한 가지 방법이 있다. '그냥 벌떡!' 일어나면 된다." 나는 이걸 '벌떡 테크닉'이라고 한다. 복잡하게 이것저것 따지다 보면 못 일어난다. 일어나야 한다고 생각하면 "탕!" 하는 총소리에 총알처럼 튀어나가 는 달리기 선수처럼, "액션!"이란 감독의 지시가 떨어지자마자 연기 에 돌입하는 배우처럼 그냥 '벌떡' 일어나면 된다.

지금 있는 자리에서
할 수 있는 것을 하라

변화의 가장 큰 걸림돌은 '나중에, 다른 데서'이며, 성공의 가장 확실한 디딤돌은 '지금, 여기서Now & Here'이다. 그리고 어차피 꼭 해야 할 일이라면 하기 싫은 일을 먼저 하자. 화가 난 고객에게 먼저 다가가 화를 풀어주자. 실수를 했다면 얼른 잘못을 인정하고 사과하자. 친구의 생일선물을 주지 못했다면 당장 카드나 편지를 쓰자. 제때 감사 인사를 못했다면 지금 전화를 걸어보자. 의료 검진을 받은 지 오래 됐다면 오늘 바로 검진 날짜를 예약하자.

어떻게 하면 책을 쓸 수 있는지를 내게 물어오는 사람들이 무척 많다. 내 대답은 언제나 같다. 일단 쓰기 시작하라는 것이다. 당장 가제목이라도 만들고, 단 한 문장이라도 좋으니 생각날 때 바로 쓰라고 말한다. 단 한 줄밖에 쓸 수 없다고 해도 그 순간 이미 책을 쓰기 시작한 것이다. 나 역시 20여 년 전 책을 처음 쓸 때 그렇게 시작했다. 미흡한 원고인 줄 알면서도 한 줄 한 줄 모아 당시 가장 잘나간다는 출판사에 무작정 원고를 보냈다. 결과는 당연히 '거절'이었다. 하지만 내 집필활동은 그렇게 시작이 되었다.

길을 모르면 얼른 길을 묻자. 피아노를 배워야 한다면 지금 학원에 전화하자. 운동을 결심했다면 지금 서 있는 그 자리에서 스트레칭을 하고, 엘리베이터 대신 계단을 이용하자. 재테크를 하고 싶다면 당장 재테크 기사를 검색해서 읽기 시작하고 통장이라도 개설하자. 마음에 드는 이성이 있다면 다가가 인사라도 나눠보자. 뭔가 성취하고 싶다면 무엇이든 지금 시작해야 한다.

자동차 구입이 목표라면 당장 그 차가 얼마인지 가격을 알아볼 수 있고 매장에 들러 운전석에 앉아볼 수도 있다. 대학에 가기 위해 당장 하루 20시간씩 공부를 할 수는 없어도 오늘 당장 가고 싶은 대학을 방문해볼 수는 있다. 사진작가 척 클로스 Chuck Close는 "영감이 떠오를 때를 기다리고 있지 말라"고 충고한다. 가장 좋은 아이디어는 모두 작업을 하는 과정에서 나오기 때문이다. 영감이 떠오르지 않아 글을 쓸 수 없다고 말하는 사람이 많지만 사실은 글을 쓰지 않기 때문에 영감이 떠오르지 않는 것이다. 아직 준비가 제대로 안 되어 시작을 못한다고 하는 사람이 많지만 사실은 시작을 하지 않기 때문에 준비를 못하는 경우가 더 많다.

공부를 할까 말까? 좋아한다는 고백을 할까 말까? 여행을 떠날까 말까? '할까 말까' 할 때는 하고 '갈까 말까' 할 때는 가자. 후회는 아무리 빨라도 늦고 시작은 아무리 늦어도 빠르다. 하려고 했던 일이 있으면 무엇이든 지금 하자. 중간에 그만두더라도 일단 시작하자. 그렇게 한 달쯤 지나면 자신이 이룬 성과에 대해 깜짝 놀라게 될 것이다. 아마 1년이 지나면 너무 놀라 기절할지도 모른다.

다음은 내 강의를 들었던 한 직장인이 보내온 메일 내용이다.

"선생님께서 어차피 먹어야 할 개구리라면 괜히 오랫동안 쳐다만 보지 말라고 하셨잖습니까? 저도 항상 계획을 짜지만 제대로 실천하는 것이 없고, 머릿속은 복잡한데 뭐 하나 제대로 해낸 게 없는 이유가 바로 이 때문인 것 같습니다. 아침에 출근해 책상에 앉으면 '실천'을 기다리고 있는 중요한 일들이 보입니다. 모두 삼키기 부담스러운 개구리들입니다. 그래서 눈을 피해 다른 중요하지 않은 일들을 합니다. 그러면 개구리들은 내 옆에서 왔다갔다합니다. 이제부터는 어차피 먹어야 할 개구리라면 큰 것부터 삼키기로 했습니다. 요즘은 훗날 무언가 되기(Be) 위해서는 반드시 지금 무언가를 해야(Do) 한다는 사실을 깨닫고 날마다 실천하고 있습니다. 출근하면 뜸 들이지 않고 곧바로 메모지에 '오늘 할 일 세 가지'를 적습니다. 그리고 곧장 중요한 일부터 시작합니다."

많은 사람들이 적당한 때를 기다리느라 너무 많은 시간을 그냥 흘려버리며 산다. 정말 안타까운 것은 시간만 낭비하는 것이 아니라 그 과정에서 머릿속의 목표 자체가 사라져버린다는 것이다. 훗날 무엇이 되고 싶다면 반드시 지금 뭔가를 해야 한다. 미국의 26대 대통령 루스벨트는 이렇게 말했다. "지금 있는 자리에서, 가지고 있는 것으로, 할 수 있는 것을 하라!"

꿈을 이루기 위해 그대가 지금 있는 자리에서, 지금 갖고 있는 것으로, 당장 할 수 있는 것은 무엇인가? 그대의 마음이 그대 자신에게 "지금 하라!"고 속삭이는 것은 무엇인가?

Stop: 책 읽기를 잠시 멈추고, 해야 한다고 생각만 하고 실천하지 않는 일들이 무엇인지 찾아보자.

_____

_____

_____

_____

Think: 그중 한 가지를 골라 실천을 미루고 있는 이유를 찾아보자.

_____

_____

_____

_____

Action: 지금 바로 할 수 있는 일을 찾아 실천하자. 그리고 실천 결과를 적어 보자.

_____

_____

_____

_____

지금 하십시오

할 일이 생각나거든 지금 하십시오.

오늘은 맑지만 내일은 구름이 보일지도 모릅니다.

친절한 말 한마디가 생각나거든 지금 말하십시오.

사랑하는 사람이 언제까지 곁에 있지는 않습니다.

사랑의 말이 있다면 지금 하십시오.

사랑하는 사람이 당신 곁을 떠날 수 있습니다.

미소를 지으려면 지금 웃어주십시오.

당신이 주저하는 사이에 친구들이 떠날 수 있습니다.

불러야 할 노래가 있다면 지금 부르십시오.

노래 부르기엔 이미 늦을 수 있습니다. (작자 미상)

안타까운 것은 많은 사람들이 소중한 사람들에게 해야 할 정말 중요한 말들을
마지막 순간까지 미룬다는 것이다. 그동안 잊고 지냈지만 내게 소중한 사람들은 누
구인가? 더 이상 미루지 말고 그들에게 당장 전해야 할 중요한 말은 무엇인가?

고개만
돌리면
네가
그렇게
가고 싶어하는
바다가
거기 있는데
또
'다음에…'라고
말하고 있는
너.

작게 시작하라
크게 이루게 된다

모든 위대한 일은 작은 시작에서 출발한다
– 피터 센게

"모든 것이 제가 감당하기에는 너무 벅차기만 합니다. 방 청소에서부터 다이어트, 영어, 연애, 취업에 이르기까지 남들은 쉽게 잘도 하는 그 모든 일이 제게는 '엄두'가 나질 않습니다. 가만히 생각해보니 전 '엄두가 안 난다'는 말을 입에 달고 사는 것 같습니다. 'TOEIC 공부를 해야 하는데 엄두가 안 나' '필수과목인데 통계는 들을 엄두가 안 나' '마음에 드는 사람이 있어도 전화 걸 엄두가 안 나' 등등. 그래서 꼭 해야 하지만 아예 시작조차 못하고 있는 일들이 수두룩합니다. 저는 왜 모든 일에 엄두를 내지 못하는 걸까요?"

– 모든 일에 엄두가 안 나는 대학교 2학년생

시작하지
못하는 까닭

뭔가 하고 싶은데 엄두가 안 나 못하고 있다는 사람들이 많다. "영어 일기를 쓰고 싶은데 엄두가 안 나서……." "마음에 드는 여자에게 말을 걸고 싶은데 엄두가 안 나서……." "집 정리를 해야 하는데 도무지 엄두가 안 나서……."

그런데 이 '엄두'란 말은 도대체 어디서 유래한 말일까? 얼핏 보기에 순우리말 같지만 사실은 한자어 '염두念頭'에서 나온 말이다. '생각할 념念' 과 '머리 두頭'를 써서 '생각의 첫머리'란 의미를 갖고 있다. 그래서 '엄두를 못 낸다'는 말은 어떤 일을 실천하기는커녕 해볼 생각조차 하기 어렵다는 의미로 사용된다.

왜 엄두가 나지 않을까? 하고자 하는 일이 너무 어려워 제대로 할 수 없을 것이라고 지레짐작하기 때문이다. 그래서 많은 사람들이 시도하기도 전에 꿈을 포기한다. 하지만 소수의 성공한 사람들은 다르다. 그들은 아무리 어려운 일에서도 쉽게 할 수 있는 작은 일을 찾아낸다. 그리하여 실패한 사람들이 엄두도 내지 못하던 큰일을 해낸다.

시작하라,
의욕이 절로 일어날 것이다

어느 날 수강생 한 명이 개그맨 흉내를 내면서 시작의 중요성에 대한 발표를 시작했다. "시작이 반이라고들 하는데 그렇다면 1,000미터 달리기에서 '땅!' 하는 소리에 출발했다면 그 순간 벌써 500미터를 왔다는 말인가요? 정~말 미스터리합니다." 사실 '시작이 반'이라는 말은 물리적으로 틀린 말이다. 하지만 심리학적으로는 절대 틀린 말이 아니다. 어떤 일이건 일단 시작하기만 하면 그 일을 끝낼 가능성이 현저하게 높아지기 때문이다.

엄두가 나지 않은 일을 착수하는 가장 좋은 전략은 일단 작은 일로부터 시작하는 것이다. 카피라이터 히스이 고타로ひすい こたろう는 그의 저서 《3초 만에 행복해지는 명언 테라피》에서 70대의 나이에 걸어서 아메리카 대륙을 횡단한 할머니를 소개하고 있다. "처음부터 대륙을 횡단할 생각은 전혀 없었어요. 생각해보면 그래서 그 일을 해낼 수 있었던 것 같아요." 어느 날 할머니는 손자로부터 운동화를 선물 받았다. 기쁜 마음으로 그 운동화를 신고, 다른 주州에 사는 친구를 만나러 갔다. 손자에게 선물로 받은 운동화를 자랑하기 위해서였다. 그 친구를 만나보고 "이번에는 저쪽 주에도 가보자. 무릎이 아

프면 택시를 타고 돌아오면 되겠지." 이것이 아메리카 대륙 횡단의 시발점이었다. 이 할머니의 사례는 엄두가 안 나 해보지도 않고 포기해버리는 우리들에게 멋진 교훈을 준다.

글을 쓰는 사람들에게는 '작가의 장벽Writer's Block'이라는 게 있다. 글을 쓰기로 작정하고 책상 앞에 앉았지만 머릿속에 장벽이 쳐진 것처럼 도저히 글을 쓸 수 없는 상황을 말한다. 글을 쓸 수 없어서가 아니라 제대로 된 글, 감동을 줄 수 있는 글을 쓸 수 없을 것 같은 작가 자신의 두려움 때문인 경우가 많다. 장벽을 제거할 수 있는 가장 좋은 방법은 무엇일까? 소설가 앤 라모트Anne Lamott는 "글을 쓰고 싶다면 무조건 컴퓨터 자판을 두드려라"고 조언한다. 말도 안 되는 문장이 적힐 수도 있지만 그것은 전혀 문제가 되지 않는다. 죽이 되든 밥이 되든 그저 생각나는 대로 옮기다 보면 언젠가 자연스럽게 정말 쓰고 싶은 것을 쓸 수 있기 때문이다. 어찌 보면 우리는 모두 작가이다. 우리의 삶은 우리만의 이야기이고, 우리 역시 작가들처럼 '작가의 장벽'에 막혀 쓰고 싶은 삶을 한 줄도 쓰지 못하는 경우가 많다.

어떤 날은 일을 시작할 마음이 도저히 들지 않는다. 누구나 그럴 때가 있다. 어떤 일을 아무래도 못할 것 같은 생각이 들면, 우선 만만한 일부터 시작하고 엉망으로 해도 좋다고 쉽게 생각하자. 하지 못할 핑계만 찾지 말고 해야 할 이유를 찾아 그 일과 관련된 쉽고 작은 일 하나를 당장 시작하자. 신기하게도 일단 시작만 하면 그 다음부터는 수월하게 풀리는 경우가 많다.

해야 할 일을 미루고 있는 사람들, 그들은 이렇게 중얼거린다. "그럴 기분이 아니라서." "내키지 않으니까." "아직 마음의 준비가 안 되어서." 이들의 생각에는 한 가지 공통점이 있다. 의욕이 나지 않기 때문이라는 것이다. 하지만 생물학적으로 보면 그건 틀린 생각이다. 사실은 의욕이 없어서 시작을 못하는 게 아니라 시작을 하지 않기 때문에 의욕이 생기지 않는 것이다. 입맛이 없어도 한 술 뜨다 보면 입맛이 돌고 산책가기 싫어도 일단 나서면 나오기를 잘했다는 생각이 드는 법이다. 몸이 무거워 일어나기 싫을 때도 벌떡 일어나 움직이면 언제 그랬냐는 듯 일상생활이 가능해진다는 것을 사실은 우리도 잘 알고 있다. 그런데 어떻게 이런 일이 가능할까? 의욕이 있건 없건 어떤 일을 시작하면 우리 뇌의 측좌핵 부위가 흥분하기 시작해 점점 더 그 일에 몰두할 수 있게 의욕을 만들어주기 때문이다.

우리의 몸과 마음은 일단 발동이 걸리면 자동으로 작동되는 기계처럼 하기 싫던 일도 일단 하다 보면 그것이 계기가 되어 계속하게 된다. 정신의학자 에밀 크레펠린Emil Kraepelin은 이런 정신현상을 '작동 흥분 이론Work Excitement Theory'이라고 명명했다. 이 이론에 따르면 우리 뇌는 몸이 일단 움직이기 시작하면 멈추는 데에도 에너지가 소모되기 때문에 하던 일을 계속하는 게 더 합리적이라고 판단한다.

그래서 하기 싫던 일도 일단 시작만 하면 뇌가 자극을 받아 금세 그 일에 집중하게 된다. 그러므로 '시작이 반'이라는 말은 심리학적으로 정말 타당한 말이다.

편지를 써야 한다면 일단 책상에 앉아 그냥 "그동안 잘 지내셨죠?"라고 첫 문장을 쓰면 된다. 그렇게 발동이 걸리면서 뇌가 우리에게 써야 할 내용을 자동적으로 알려준다. 일어나야 한다면 일어날 기분인지 아닌지 따지지 말고 그냥 벌떡 일어나자. 일단 일어나면 일어나기를 잘했다는 생각이 들 것이다. 할 일이 있으면 의욕이 없더라도 미적거리지 말고 '툭' 치고 나가듯 곧바로 시작하자. 어느새 일에 몰두하고 있는 자신을 발견하게 된다. 음악가 스트라빈스키는 다음과 같이 말했다. "음식을 먹다 보면 식욕이 증가하듯, 작업을 하다 보면 영감이 자연스레 떠오른다."

물가로 데려가면
물을 마시게 된다

'말을 물가로 끌고 갈 수는 있지만 물을 먹일 수는 없다'는 속담이 있다. 심리학적 관점에서 보면 이 말은 틀렸다. 목마르지 않은 말도 일단 물가로 데려다 놓으면 언젠가는 물을 마시게 된다. 목이 말라 마실 수도 있고, 심심해서 마실 수도 있고, 남들이 마시니까 따라서 마실 수도 있다. 이 경우, 물가에 있다는 사실 자체가 말로 하여금 물을 마시게 하는 모멘텀을 제공했다고 할 수 있다.

'모멘텀Momentum'이라는 영어 단어는 '운동량, 여세, 탄력, 계기'라는 의미를 갖고 있는데 주식분야에서는 정부정책 등으로 거래량이 갑자기 증가할 때처럼 변화가 일어날 때를 '모멘텀이 생겼다'고 한다. 심리학에서는 행동변화를 일으키는 계기를 모멘텀이라고 하며, 이를 활용한 행동수정 기법을 '행동 모멘텀 기법Behavioral Momentum Technique'이라고 한다.

그래서 공부를 잘하려면 놀더라도 학교 가서 놀아야 한다. 책을 많이 읽으려면 딱딱하고 어려운 고전부터 도전하지 말고 '아하! 그렇구나' 하고 무릎을 치면서 읽을 수 있는 실용서나 재미있는 소설부터 시작하는 것이 좋다. 집을 마련하고 싶다면 일단 주택청약 통장부터 개설해야 한다. 행동 모멘텀 기법은 방 청소에서부터 공부, 운동, 재테크, 인간관계 개선에 이르기까지 우리 생활의 모든 영역에 적용할 수 있다.

"교수님, 살을 빼야겠다고 결심해서 실내용 자전거를 구입했어요. 처음 며칠 동안은 땀을 뻘뻘 흘리면서 1시간씩 자전거를 탔습니다. 그런데 며칠이 지나자 그 자전거가 고문대처럼 느껴져 한쪽 구석으로 치워버렸습니다. 그러던 어느 날 행동 모멘텀 기법이 생각나서 TV를 볼 때는 그냥 자전거에 앉아서 보기로 했습니다. '60분간 자전거 타기'가 아니라 '그냥 자전거에 앉아 TV 보기'로 마음먹었지요. 그러다 보니 저절로 페달을 밟게 되고 자전거를 1시간 이상 타게 됐어요. 모멘텀 기법의 효과, 정말 놀랍네요. 요즘은 날마다 1시간 이상 자전거를 타는데 신기하게 지겹지도 않고 시간도 정말 빨리 지나갑니다."

내 수강생 한 명이 들려준 경험담이다. 한 시간씩 땀을 뻘뻘 흘리며 자전거를 타는 것은 생각만 해도 지겹다. 하지만 자전거에 앉아 TV를 보는 것은 즐겁다. 자전거를 타고 TV를 보다 보면 결국 자연스럽게 페달을 밟게 된다. 대청소를 한다고 생각하면 엄두가 안 난다. 이럴 땐 싱크대를 '5분만' 정리한다고 가볍게 생각하자. 주변이 생각보다 훨씬 빨리 깨끗해질 것이다. 싱크대 청소로 시작했지만 곧이어 거실과 욕실도 깨끗해질 것이다. 이렇게 일단 시작하기만 하면 놀라운 일이 일어난다. 모든 변화는 저절로 움직이는 자가추진력Self-Propelling Power을 갖고 있어 아주 작은 변화가 또 다른 변화를 일으킨다. 꿈을 이루기 위해 우리가 취할 수 있는 첫 번째 조치는 당장 실천할 수 있는 최소단위의 일을 찾아내는 것이다.

성공은 또 다른
성공을 부른다

처음에는 습관을 바꾸기가 무척 어렵다. 그러나 한 가지 습관을 바꾸고 나면 다음 습관은 점점 더 바꾸기가 쉬워진다. 그래서 다이어트에 성공하면 담배를 끊을 가능성이 높고, 금연에 성공하면 저축액이 늘어날 가능성이 많다. 실제로 미국과 유럽인들을 대상으로 한 여러 연구결과들은 체중조절 정도와 소득수준이 매우 밀접한 관계에 있음을 알려준다. 한 번의 성공은 우리의 머릿속에 '~을 해냈다면 ~도 할 수 있다'는 생각을 심어 또 다른 성공을 불러오기 때문이다.

산꼭대기의 바위도 처음 움직이기가 어렵지 한번 움직이기 시작하면 자가추진력이 생겨 점점 더 빠른 속도로 굴러떨어진다. 마찬가지로 행동의 변화도 처음이 어렵지 한번 변화가 일어나기 시작하면 학습효과로 인한 자가추진력이 생겨 점점 더 쉽게 변화가 일어난다. 태산을 옮기려 해도 작은 돌부터 날라야 하듯 습관을 바꿀 때도 작은 것부터 시작하는 것이 좋다.

무슨 일이든 오래 지속해야 성과가 생긴다. 오랫동안 지속하고 싶다면 처음부터 너무 욕심을 부리면 안 된다. 운동을 오래 하고 싶다면 목표기준을 지나치게 높게 잡지 말고 결심한 행동을 조금이라도 했다면 목표를 달성한 것으로 여기는 것이 좋다. 가계부를 꾸준히 쓰고 싶다면 '콩나물 값 하나까지 빠뜨리지 않고 모두 기록해야 한다'는 식의 너무 완벽한 기준을 세우면 안 된다. 약간의 오차는 허용하고 매일 쓰지 않아도 좋다는 생각으로 시작하자. 작은 성취가 우리로 하여금 그 일을 계속하도록 스위치를 켜주기 때문이다.

작은 일로 나누기만 하면
어떤 일이라도 쉽다

다음은 부담되는 목표를 '작은 단위'로 수정하여 시작한 후 성공한 좋은 사례다.

"기억나세요? 아이에게 매일 동화책 한 권씩 읽어주려고 하는데 너무 힘들다고 했더니 교수님께서 목표를 '한 줄 읽어주기'로 바꿔보라고 하셨던 말씀이요. 그래서 목표를 굳이 책으로 한정짓지 않고 마트에 갈 때는 전단지의 글을, 산책할 때는 길가에 붙어 있는 간판이나 현수막을 읽어줬어요. 부담이 없으니 실천하기가 훨씬 쉽고 아이도 좋아해요. 지금은 아이가 간판 글씨를 줄줄 읽어요. 교수님 덕분에 퇴근 후 아이와 보내는 시간이 즐겁기만 합니다. '작은 일로 시작하라!'는 교수님의 말씀, 제게 정말로 큰 답을 주셨습니다."

술을 끊은 사람들의 자조모임인 단주동맹의 첫 번째 행동강령은 '술은 죽을 때까지 입에 대지 말자!'가 아니다. '오늘 하루만 Just for Today!'이다. 영원히 술을 끊어야 한다면 금주를 시작하기도 전에 포기해버릴 수도 있기 때문이다. 크게 생각하되, 작은 단위로 시작하자. 그것이 성공하면 다음 단위로 넘어가자. 헨리 포드 Henry Ford는 이렇게 말했다. "우리가 그것을 작은 일로 나눈다면 어떤 것도 특별히 어렵지는 않다."

모든 위대한 성취에는 첫 번째 작은 시작이 있다. 그대의 꿈은 무엇이고 지금 바로 할 수 있는 첫 번째 작은 시작은 무엇인가? 크게 생각하되, 시작은 작게 하자. Think Big! Act Small!

Stop: 결심을 하고도 엄두가 안 나 실천하지 못하는 일이나 시도했다 포기한 일을 찾아보고 그 이유를 찾아보자.

_____

_____

_____

_____

Think: 그 결심과 관련해 가장 실천하기 쉬운 작은 일들을 찾아 목록으로 만들어보자.

_____

_____

_____

_____

Action: 꿈을 현실로 만들어주는 모멘텀이 될 수 있는 단순하고 쉬운 일 한 가지를 찾아 당장 실천하자.

_____

_____

_____

_____

레인보우 브리지의 시작

미국과 캐나다 사이에 있는 나이아가라 폭포. '천둥소리'라는 의미를 갖고 있는 이 폭포는 말 그대로 땅을 뒤흔드는 거대한 굉음과 하얗게 피어오르는 물안개, 그리고 주변의 절경을 배경으로 한 아름다운 무지개로 세계에서 관광객이 가장 많이 찾는 절경 중 하나이다. 이 폭포의 빼놓을 수 없는 또 하나의 매력은 레인보우 브리지(무지개 다리)다. 어떻게 244미터나 되는 험한 협곡에 이런 다리를 놓았을까? 그 시작은 의외로 간단했다. 1847년, 현수교 설계시공 전문가인 찰스 엘렛 주니어 Charles Ellet Jr.는 우선 연을 띄워 연줄로 다리 양쪽을 연결했다. 그러고 나서 연줄에 코일을 매달아 잡아당겼고, 다음에는 아주 가는 코일에 약간 더 강한 철사를, 그 다음에는 철사에 밧줄을 매달아 당겼다. 마지막으로 밧줄에 쇠로 만든 케이블을 매달아 잡아당겼다. 이렇게 해서 만들어진 쇠줄을 이용해 구름다리를 놓기 시작했고, 마침내 사람들이 원하던 대로 나이아가라 폭포 위에 레인보우 브리지가 놓이게 됐다. 험한 협곡 위에 건설된 웅장한 다리도 연을 띄운 작은 일 하나로 시작됐듯 모든 위대한 성취에는 반드시 첫 번째 작은 시작이 있다.

현재의 이곳에서 원하는 그곳으로 건너갈 수 있게 해줄 나만의 무지개 다리는 무엇인가? 내가 지금 띄워야 할 연, 당장 실천할 수 있는 작은 일은 무엇인가?

천년의
세월을 산다는 느티나무는
보통 25M까지 자란다
하지만
씨앗은 겨우 4mm 크기

잊지마시라!
위대한 성취도
작은시작에서
출발한다는 것을!

사선(死線)을 설정하라
미루는 일이 없어진다

반드시 끝내야 할 일이 있을 때는 어떻게든 반드시 끝내게 된다
– 잭 포스터

"영어 문제 앞에만 서면 나는 왜 작아질까요? 목표의 반도 못 풀고 TOEIC 문제집을 덮습니다. '에이, 오늘은 문제 푸는 날이 아닌가 봐.' 그분이 오신 겁니다. 프레젠테이션 준비를 할 때도 끝까지 미루다가 마감 전날, 밤을 샙니다. 왜 이리 시작하기가 힘든지. '내일부터 아침 운동을 해야지' 해도 내일이 오늘로 바뀌면, '에이 내일부터 하지 뭐' 하고 미루게 됩니다. 오늘도 또 그분이 오십니다. 교수님, 저는 이렇게 미룸신의 딸, 막판 공주입니다. 제발 벗어나고 싶어요. 이 몹쓸 병 좀 고칠 수 없을까요?"

– 미룸신의 강림에서 벗어나고픈 20대 여성 직장인

그분이 오신다
벼락치기가 보인다

연초가 되면 누구나 이런저런 계획을 세운다. 하지만 그중 상당수는 시작도 못한 채 우리의 기억 속에서 사라지고 만다. 시작은 했지만 마무리를 못한 채 흐지부지 된 일도 많다. 한 회사에서 임직원 200명을 대상으로 작심삼일의 원인에 대한 설문조사를 했다. 조사결과, 응답자의 43퍼센트가 '내일부터 하면 되겠지' 하고 실천을 뒤로 미루는 것이라고 대답해 '미룸신의 유혹'을 작심삼일 병의 원인 1위로 꼽았다.

아이들은 방학숙제를 언제 할까? 개학을 앞두고 몰아서 한다. 대학생들은 언제부터 시험공부를 시작할까? 시험날짜가 코앞에 다가와야 시작한다. 이처럼 더 이상 미룰 수 없을 때까지 끝까지 버티다가 발등에 불이 떨어져서야 벼락치기를 하는, 학생들에게 만연된 병을 '학생 신드롬Student Syndrome'이라고 한다. 그렇다면 교수들은 다를까? 아니다. 그들 역시 마감일에 맞춰 연구논문을 제출한다. 직장인들 역시 마찬가지다. 프레젠테이션을 준비하는 직장인들에게는 늘 하루가 부족하다. 준비기간이 길건 짧건 십중팔구 프레젠테이션 전날에야 밤을 샌다.

그렇다면 주부들은 어떨까? 주부들 역시 날마다 은행을 지나치면서도 마감일이 되어서야 공과금을 내기 때문에 월말이 되면 은행창구는 항상 북새통을 이룬다. 이처럼 우리의 많은 행동이 데드라인 직전에서야 일어난다는 사실은 일의 내용과 상관없이 공통적으로 관찰되는 현상이다. 사람들은 일을 할 때 아무리 충분한 시간을 갖고도 주어진 시간을 남기는 법이 없다. 일은 항상 끝날 시간이 되어야 끝이 난다.

미룸신이 범접하지 못하는 사람들은
자기만의 데드라인을 가지고 있다

늘 야단법석을 떨며 바쁘게 사는 것 같은데도 별 소득 없이 사는 사람들이 많다. 반면에, 조용조용 여유롭게 일하면서도 알차게 살아가는 사람들도 있다. 자세히 들여다보면 그들에게는 작은 차이가 있다. 전자는 남이 정한 데드라인에 따라 움직이며, 발등에 불이 떨어져야 메뚜기처럼 이리 뛰고 저리 뛴다. 이들은 항상 조금 늦게, 준비가 덜 된 상태로 움직이기 때문에 끊임없이 삶의 압력에 시달린다.

반면에 후자는 타인이 부여한 데드라인을 자신이 설정한 데드라인으로 재설정하는 능동적인 습관을 갖고 있다. 항상 남보다 일찍 움직이고 조금 먼저 도착한다. 그들은 데드라인을 조절해서 자신이 삶을 통제한다. 우리가 데드라인을 조절하지 못하면 결국 데드라인이 우리의 삶을 통제하게 된다.

중요한 일을 뒤로 미루는 것은 실패한 사람들의 공통점이다. 내일 일을 오늘로 앞당겨 끝내는 것은 성공한 사람들의 특성이다. 조사 결과, 비효율적인 하위직들은 매우 다양한 미루기 핑계들을 가지고 있는 반면에, 성공한 고위직들은 자기만의 미루기 방지전략을 세워 두고 있다. 늘 막판에 바쁘고, 늘 시간이 부족하고, 늘 힘들게 사는 사람들은 세 가지 유형의 행동패턴을 갖고 있다.

첫째, 항상 시작이 어렵다. 그들이 갖고 있는 이유는 실로 다양하다. 하기 싫어서, 시작할 엄두가 나지 않아서, 일이 코앞에 닥쳐야 잘된다는 믿음으로, 아직 시간이 많이 남아 있다고 생각해서 쉽게 일을 미룬다. 둘째, 마무리를 짓지 못한다. 그들은 대부분 주의가 산만하거나 완벽주의 성향을 갖고 있어 시작은 어찌어찌 해도 마무리를 짓지 못하는 사람들이 많다. 셋째, 최악의 경우로 시작도 못하고 마무리도 제대로 짓지 못한다.

하지만, 바쁘다고 아우성을 치면서 힘들게 일하는 것도 아닌데 남보다 더 많은 성과를 내는 사람들이 있다. 그들은 힘들게 살아가는 실패한 사람들과 다른 몇 가지 특성을 갖고 있다. 우선, 실패한 사람들이 하기 싫어하는 일을 거부감 없이 하는 습관을 갖고 있다. 그들 역시 하기 싫은 일을 미루고 싶거나 엄두가 나지 않은 일에 두려움을 느끼지만 강한 목적의식으로 하기 싫다는 생각을 극복한다. 그들은 해야 할 일이라면 어떻게든 거기서 좋은 점을 찾아내고, 당장 할 수 있는 작은 일을 만들어낸다.

실천력이 뛰어난 사람들의 마음속에는 두 개의 데드라인이 있다. 일을 언제까지 끝내겠다는 '종료 데드라인Ending Deadline'뿐 아니라 일을 언제부터 시작하겠다는 '개시 데드라인Starting Deadline'을 갖고 있다.

미룸신이 자주 내리는가? 그럴 때는 '데드라인 부적'을 내밀어라. 미룸신이 기겁을 하고 물러설 것이다. 창업 준비처럼 큰일을 할 때뿐 아니라 이메일을 쓰거나 전화통화를 할 때처럼 작은 일을 할 때도 두 개의 데드라인을 정해놓고 하자.

시작을 미루는가? 개시 데드라인을 정해 그 시간 전에 시작하는 습관을 들여보라. 마무리가 어려운가? 종료 데드라인 전에 일을 끝내는 습관을 가져보라. 방 청소처럼 사소한 일을 할 때도 종료 데드라인과 개시 데드라인을 정하면 이전보다 시작이 훨씬 쉬워질 것이다. 미적거리지 않는 자신을 보고 놀라고 예상 외로 빨리 끝난 일을 확인하고 감탄할 것이다.

데드라인을 설정하면
궤도이탈이 방지된다

데드라인이 갖는 힘의 비밀은 뭘까? 원래 '데드라인Deadline'이란 넘지 말아야 할 선, 죄수가 넘으면 총살당하는 사선死線을 의미하지만 신문이나 잡지의 원고 마감시간으로 더 많이 사용된다. 매일 정해진 시간에 신문을 발행해야 하는 신문사만큼 데드라인에 충실한 곳도 없을 것이다. 편집국에는 마감 10분 전까지도 완성될 것 같지 않은 기사들이 마감 시간이 되면 어김없이 속속 들어온다. 아무리 좋은 기사도 그 시간을 넘기면 뉴스로서 생명이 끝나기 때문이다. 이것이 데드라인의 위력이다.

데드라인은 그 시간이 지나면 아무 소용이 없기 때문에 우리를 긴장시키고 죽을힘을 다해 뛰게 만든다. 그러므로 크고 작은 일에 마감 기한을 설정하면, 우리 두뇌는 제시간에 일을 끝내기 위해 엔도르핀을 분비시켜 에너지를 동원하고 근육을 긴장시켜 한 가지 일에 몰두하게 만든다. 또 그동안 비축해둔 모든 정보와 지식들을 검색해서 우리가 원하는 해결책을 찾아내게 한다.

모든 삶에 종착역이 있듯이 모든 일에는 데드라인이 있다. 죽음을 의식하면서 사는 사람이 삶에 충실하듯, 데드라인을 염두에 두고 사는 사람의 성과가 더 높을 수밖에 없다. 끝이라고 생각할 때 사람들은 무서운 힘을 발휘한다.

누군가가 "집에 불이 나면 어떻게 하시겠습니까?"라고 묻는다면 우리는 어떤 반응을 보일까? 아마도 눈을 이리저리 굴리면서 "글쎄요. 잠깐 생각해볼 시간을 좀……" 하면서 말꼬리를 흐릴지 모른다. 그러나 정말로 집에 불이 났다면? 곧바로 후다닥 튀어나올 것이다. 데드라인이란 집에 불이 난 것과 같다. 곧바로 실천하고 싶은 것이 있다면 데드라인을 정해 그 일에 불을 질러야 한다. 어떤 일을 할 때 더 이상 생각할 시간이 없다는 사실을 확실히 인지하면 일에 대한 태도가 완전히 달라진다. 따라서 궤도이탈을 방지하려면 무슨 일이든 반드시 데드라인을 정해야 한다. 광고음악을 작곡하는 스티브 카르멘Steve Karmen은 다음과 같이 말했다. "사람을 가장 고무시키는 것은 데드라인이다."

마케팅에도 마감전략은 매우 강력한 효과를 발휘한다. TV 홈쇼핑이나 할인마트에서 "지금부터 딱 10분 동안 100분에게 드리는 찬스! 반액 할인!"이라고 외치면 시큰둥하던 사람들이 눈을 동그랗게 뜨고 그쪽으로 달려든다. 데드라인을 넘기면 절호의 찬스를 놓친다고 생각하기 때문이다. 마감시간은 우리에게 궤도이탈을 방지해주고 필요한 에너지를 한 가지 일에 집중시켜 일을 신속하게 끝내도록 도와준다. 그러므로 목표가 '언젠가'라는 장애물에 좌초되지 않도록 하려면 데드라인을 정하는 습관을 들여야 한다. 데드라인이 없는 결심은 방아쇠가 없는 총과 같다.

일이 엄두가 나지 않거나 심한 압박감을 느낄 때 사용할 수 있는 가장 효과적인 전략은 중간 데드라인을 만드는 것이다. 중간 데드라인은 최종목표를 잘게 쪼개 최종 데드라인으로 역산해서 여러 단계의 데드라인을 만드는 것이다. 이 전략은 우리를 압박감에서 벗어날 수 있게 해주며 여행가방을 꾸리는 일에서부터 책을 쓰는 일까지 수많은 활동에 활용될 수 있다. 내일 당장 책을 출판할 수는 없지만 오늘 바로 글쓰기 강좌에 등록할 수는 있다. 큰일을 쪼개서 당장 할 수 있는 작은 일 하나를 찾아내자. 작은 일을 시작하면 큰일도 할 수 있다.

보고서 제출마감이 1개월 남았다고 하자. 한두 주는 별 진전이 없을 것이다. 시간이 흘러도 머리만 복잡할 뿐 진도가 안 나간다. 발등에 불이 떨어져야 부랴부랴 행동에 돌입할 것이다. 뻔하지 않은가? 이렇게 한 달을 전전긍긍하면서 보내고 싶지 않다면 나만의 마감일을 따로 정해보자. 한 달 내에 끝내야 되는 보고서는 3주 안에 끝내보자. 9시가 출근시간이라면 8시 30분까지 회사에 도착하자. 하루 뒤에 써도 되는 답신 메일도 하루가 지나기 전에 보내보자.

성과가 오르지 않는다면,
시간이 너무 많기 때문이다

"주말까지 모두 리포트를 제출하세요"라고 하면 학생들은 이렇게 항변한다. "교수님, 안 돼요, 시간이 너무 부족해요." 하지만 내 경험에 의하면, 준비기간으로 1주일을 주건 1개월을 주건 기한 내에 리포트를 제출한 학생의 수에는 별 차이가 없었다. 과제의 질적 차이도 거의 없다. 왜 이런 현상이 일어날까? 사람들은 시간이 있을 때 일하는 것이 아니라 끝내야 할 시간에 맞춰 일을 시작하기 때문이다. 일반적으로 사람들은 시간이 많이 주어지면 쓸데없이 일을 부풀려, 주어진 시간을 남김없이 다 쓰고 막판에 가서야 일을 끝내는 경향이 있다. 이런 현상을 영국의 역사학자이자 사회생태학자, 경제학자인 노스코트 파킨슨Northcote Parkinson이 처음으로 체계적으로 밝혀냈기 때문에 '파킨슨의 법칙Parkinson's Law'이라 한다.

파킨슨의 법칙에서 배울 수 있는 한 가지 교훈은 계획을 세울 때 목표달성에 필요한 시간을 넉넉하게 잡는 것보다 다소 빠듯하게 잡는 것이 더 효과적이라는 것이다. 성과를 올리려면 시간을 더 많이 투자해야 한다고 생각하는 사람이 많다. 하지만 시간이 없어 성과를 올리지 못하는 게 아니라, 시간이 너무 많아 성과를 내지 못하는 경우가 훨씬 더 많다.

　반드시 한 시간 내에 책 한 권을 읽어야 한다면 어떻게 할까? 정답은 하나밖에 없다. '한 시간 내에 읽는 것'이다. 내 경우도 한가할 때보다 바쁠 때 책을 더 많이 읽게 된다. 그래서 책을 사놓고 읽기를 미루고 있을 때면 나는 가끔 이런 전략을 쓴다. '강의 준비를 할 시간이 1시간밖에 없다. 그런데 강의할 때 반드시 이 책 내용을 소개해야 한다.' 이런 생각을 하면 나는 어떤 책이라도 1시간 내에 읽을 수 있다. 물론 책의 모든 내용을 읽지는 않는다. 어쨌거나 나는 1시간 내에 그 책 한 권을 읽는다.

　어떤 상황에서든 모든 일을 다 할 수 있는 시간은 없다. 그러나 어떤 경우라도 꼭 해야 할 일을 할 수 있는 시간은 있다. 어둠 속으로 들어가는 순간 우리의 동공이 확장되듯이, 마음이 급하거나 절박할 때 뇌의 흡입력은 순간적으로 확장된다. 시간이 많으면 오히려 업무성과가 떨어진다는 사실을 철석같이 믿고 있는 트럼프 사의 요시코시 고이치로 吉越浩一郎 사장은 업무성과를 높이기 위해 오후 6시 20분이 되면 사무실의 전기를 모두 꺼버린 것으로 유명하다. 그러므로 성과를 올리려면 데드라인을 당겨 의도적으로 일에 주어지는 시간을 줄여야 한다.

　그러나 매사 미루게 된다고 너무 자책하지 말자. 그것은 인간의 본성이다. 막판에 가서야 벼락치기를 해왔다고, 자신을 게으른 사람이라고 낙인찍지도 말자. 그동안 빠지기 쉬운 파킨슨의 법칙을 따랐을 뿐이다. 이 책을 통해 미룸신 퇴치법을 알았으니 지금부터 데드라인의 효과를 제대로 활용하면 된다. 데드라인 재설정을 통해 삶에 변화를 주고 싶다면 다음과 같은 몇 가지 점을 고려해야 한다.

첫째, 작은 일부터 하나씩 연습하자. 너무 거창한 계획보다는 작은 일부터 연습하자. "나중에 보자" 대신 "다음 주 월요일에 연락할게"라고 말해보자. '방 정리나 해볼까?'라고 생각하지 말고 '30분 안에 정리를 끝내야지'라고 결심하자. 전화로 수다를 떠는 시간이 너무 길어져 중요한 일을 하지 못한다면 통화하기 전에 '10분 안에 통화를 끝내겠다'고 데드라인을 정해보자.

둘째, 명확하게 정의하자. 종료 데드라인과 개시 데드라인을 정할 때는 구체적인 시간과 장소를 정해두자. 지도학생 한 명이 이렇게 말했다. "논문주제를 정해 다음 주쯤 찾아뵙겠습니다." 또 다른 학생은 이렇게 말했다. "선생님 이번 주 금요일 오후 6시에 연구실로 찾아뵈어도 될까요?" 두 사람 중 어떤 학생이 결심을 실천에 옮길 가능성이 더 높을까?

셋째, 중요한 일은 데드라인을 공개하자. 에디슨은 때때로 무엇을 언제까지 발명하겠다고 데드라인을 공개하곤 했다. 마음속으로 결심했을 때보다 공개선언을 하면 번복하기 어렵다는 사실을 일찍이 체득했기 때문이다. 공개선언의 효과는 공개 대상이 체면을 지켜야 할 사람이거나 그 수가 많을수록 더 크다.

"데드라인에 대해 배운 다음 많은 것이 달라졌습니다. 예를 들어 하루에 TOEIC 문제집을 1장씩 풀기로 결심했다면 하루 종일 미루다가 잘 때쯤 돼서야 '아, 영어공부를 했어야 하는데……'라고 생각하면서 자책하기 일쑤였습니다. 그런데 요즘은 계획대로 잘 실천하고 있습니다. 하루에 문제집 1장씩 풀기나 성경 2장씩 읽기처럼 시작이 잘 안 되는 결심은 개시 데드라인을 정해 그 전에 시작하는 연습을 했습니다. 혹시 잊어버릴 수도 있으니까 제 휴대폰에 'OO야, ~할 시간이다'라는 예약문자를 보내 미루는 일이 없도록 하고 있습니다. 도면작업처럼 자꾸 손을 보느라 마무리를 짓지 못하는 일에는 스톱워치를 사용해서 종료 데드라인 이전에 끝내는 연습을 했습니다. 작은 일이지만 이렇게 하나씩 실천하다 보니 많은 것이 달라졌습니다. 생활에 활력이 솟고 왠지 뭐든 잘할 수 있을 것 같은 자신감이 듭니다. 데드라인을 통해 제가 얻은 가장 중요한 것은 옆길로 새는 일이 현저하게 줄었다는 것입니다."

나와 몇 번의 메일을 주고받았던 30대 독자의 메일이다. '백수가 과로사한다'고 시간이 많으면 쓸데없는 일들이 늘어난다. 그래서 중요한 일을 더 못하기 쉽다. 그러므로 해야 할 일이 있다면 반드시 데드라인으로 쐐기를 박아 쓸데없는 일로 빠져나갈 수 없게 만들어야 한다. 궤도이탈을 방지하려면 평소에 데드라인을 정해두고 일하는 습관을 갖자.

작은 일이라도 나만의 데드라인으로 재정의해서 하나씩 실천하면 어떤 일이 일어날까? 스트레스를 덜 받게 되고 자신을 위해 쓸 수 있는 시간을 더 많이 확보하게 된다. 또 다른 사람의 압력에 휘둘리지 않고 더 풍요로운 삶을 살게 된다. 자신감이 늘어나고 삶에 대한 통제감을 더 많이 느끼게 된다.

✐ 데드라인 재설정 3단계

• **Step1: 종료 데드라인을 재정의한다_** 주어진 데드라인을 앞당겨 자기만의 마감시간으로 재정의한다.

• **Step2: 중간 데드라인을 만든다_** 최종목표를 잘게 분할하고 각각의 중간 데드라인들을 설정해 일의 압박감을 줄인다.

• **Step3: 개시 데드라인을 정해 실천한다_** 바로 시작할 수 있는 첫 단계의 작은 일을 찾아 개시 데드라인에 맞춰 실천한다.

언젠가 시작하겠다고 생각하면서 아직 시작도 못하고 있는 일은 무엇인가? 그 일을 실행에 옮길 개시 데드라인은 언제이고 그 일을 끝마칠 종료 데드라인은 언제인가?

Stop: 평소 미적거리면서 뒤로 미루거나 제 시간에 끝내지 못하는 일들을 모조리 찾아보자.

_____

_____

_____

_____

Think: 그중 한 가지를 골라 제때에 일을 끝내지 못한 이유들을 찾아보자.

_____

_____

_____

_____

Action: 미루지 않고 제때에 실천하고 싶은 일 한 가지를 적고 나만의 개시 데드라인과 종료 데드라인을 정해보자.

_____

_____

_____

_____

살 수 있는 시간이 5분밖에 남지 않았다면

"피고는 범죄적 음모에 가담하여 러시아 정교회 및 최고권력에 대한 불손한 표현으로 가득찬 서신과 반정부 문서를 유포하려 한 죄로 총살형에 처한다." 사형선고에 이어 사제의 설교가 끝나고 마지막 5분의 시간이 주어졌다. 28세의 젊은 사형수에게 주어진 최후 5분은 너무나도 짧았다. 이 마지막 5분을 어떻게 쓸까? 동료 사형수들에게 작별인사를 하는 데 2분, 지나간 삶을 되돌아보는 데 2분, 나머지 1분은 자연의 아름다움과 땅에 감사하며 작별을 고하기로 했다. 흐르는 눈물을 삼키면서 동료에게 작별인사를 하는 데 벌써 2분이 지났다. 교회 지붕이 밝은 햇살을 받아 눈부시게 빛나고 있었다. 지난 세월을 아껴 쓰지 못한 것이 정말 후회가 되었다. 병사들이 소총을 들어 그를 조준했다. 그때 마침 마차 한 대가 광장으로 질주해 들어왔다. 말에서 내린 시종무관이 감형서를 낭독했다. "피고는 4년간 시베리아 유형에 처하고 그 후 사병으로 병역을 치러야 한다." 그 후 그는 사형장의 그 5분을 떠올리며 하루하루를 인생의 마지막 날로 생각하고 중요한 일을 미루지 않았다. 그리하여 《죄와 벌》《카라마조프가의 형제들》《백야》 등 수많은 대작을 남겼다. 그가 바로 러시아의 대문호 표도르 도스토예프스키이다.

살 수 있는 시간이 5분밖에 남지 않았다면 그 5분 안에 내가 꼭 하고 싶은 일은 무엇인가?

상자에 담긴
초콜릿처럼…
도시락에
담긴 김밥처럼…

하나, 둘..
무심코
먹어치우다 보면
어느 새
텅비어버린
인생의 상자를

당신도
발견하게
될수 있다는
사실 -

실험이라 생각하라
도전이 즐거워진다

재능이 없다고 말하는 사람들의 대부분은 별로 시도해본 일이 없는 사람들이다
– 앤드류 매튜스

"가전제품 전문점에서 판매직 일을 하고 있습니다. 자기계발 강의를 가끔 들으면서 저도 명강사가 되고 싶다는 꿈을 갖게 되었습니다. 그런데 저는 전문대 경영학과밖에 졸업을 못했고 제 나이가 벌써 35세입니다. 자기계발 분야 명강사들을 보니 대개 소위 SKY 대학이나 외국 경영대학원까지 나온 사람들이 많더라구요. 어차피 할 수 없는 일이라면 빨리 포기하는 게 낫겠지요?"

– 명강사의 꿈을 꾸는 30대 판매직원

"해보기나 했어?"
정주영 회장의 실험정신

명강사를 꿈꾸는 한 30대 판매직원
이 자신의 학벌로는 꿈을 이루기 힘들 것 같다는 내용의 메일을 보
내왔다. 그래서 나는 다음과 같은 답장을 보냈다.

"학력 때문에 하고 싶은 일을 할 수 없을 거라 생각하시는군요. 새로운 프로젝트
를 제안할 때 최고 학력 출신의 부하직원들이 이런저런 이유를 대면서 무모한
도전이라고 반대하면 초등학교 졸업이 학력의 전부인 정주영 회장은 이렇게 반
박하곤 했습니다. '해보기나 했어?' 명강사가 되기 위해 지금까지 무엇을 시도
했는지, 그리고 지금 무엇을 시도하고 있는지 자신을 돌아보면서 스스로에게 이
렇게 자문해보면 어떨까요? '해보기나 했어?'"

정 회장을 아는 사람들은 그의 추진력에 놀라고, 뛰어난 실험정신
에 또 한 번 놀랐다고 한다. 현대자동차 설립 전, 정 회장은 포드 사
와 합작회사를 만들어 자동차를 생산하고 싶어했다. 1966년 4월,
포드 사는 한국 진출을 겨냥하고 서울에 와서 시장조사를 한 뒤 미
국으로 돌아갔다. 당시 현대는 접촉대상이 되지 못했다. 이 사실을
뒤늦게 안 정 회장은 마침 차관 교섭차 미국에 가 있던 동생 정인영

에게 전화를 걸어 당장 포드와 자동차 조립 기술계약을 맺으라고 말했다. "아니, 그런 일을 어떻게 하루아침에 합니까?" 정인영은 당황했다. 그러자 정 회장은 전화기에 대고 소리쳤다. "해보기나 했어?" 결국 정 회장은 그해 12월 현대자동차를 설립해 포드와 기술계약을 체결했다.

정 회장의 실험정신이 최고로 빛을 발한 것은 서산 간척지공사 사업에서 보여준 이른바 '정주영 공법'이다. 총연장 6.4킬로미터의 A지구 방조제 공사에 마지막으로 남았던 270미터의 물막이는 난제 중의 난제였다. 자동차만한 바위도 들어가는 순간 휩쓸려 내려갈 정도로 무서운 속도의 급류였다. 이때 정 회장의 머릿속에 떠오른 것이 고철로 쓰려고 울산에 정박시켜 놓은 23만 톤급 폐유조선을 이용하는 것이었다. 폐유조선의 탱크 속에 바닷물을 채우고 가라앉혀 물의 흐름을 막은 다음 중장비를 동원해 바위덩어리를 쏟아부었다.

공사는 대성공이었다. 이 공법으로 절약된 공사비만 290억 원에 달했고 사용된 폐유조선은 고철로 재활용됐다. 사상초유의 이 공법은 〈뉴스위크〉지와 〈타임〉지에 '유조선 공법'으로 소개되었으며, 영국 런던 템스강 상류 방조제 공사를 맡은 세계적인 철구조물 회사인 랜달팔머 & 트리튼 사가 벤치마킹하기도 했다. 앞서 소개된 정 회장의 이야기가 너무 많이 들어 식상하다는 독자가 있을지도 모른다.

하지만 우리 주변에서 실험 정신의 위력을 그보다 더 깔끔하게 가르쳐준 사람을 나는 아직 만나보지 못했다.

발명왕 에디슨은 평소 고질적인 소화불량에 시달렸다고 한다. 1885년 7월 13일 일기에는 이런 내용이 있다. "소화불량의 고통을 덜 수 있을까 하는 생각에 전차에서 내려 사무실까지 3킬로미터를 걸어가는 실험을 했다." 실험결과는 반드시 기록해야 한다고 생각한 그는 여기에 간결한 메모를 덧붙였다. "효과가 전혀 없었다." 그는 또 다른 실험으로 'G부인'이 효과가 있다고 일러준 '블루껌' 가설에 도전했다. '껌을 씹어 침샘이 소화효소를 충분히 만들어내면 소화불량 치료효과를 낼 것'이라는 가설을 실험으로 검증해보기로 했다. 에디슨은 이 실험 결과 역시 다소 진지한 어조로 이렇게 기록했다. "이 껌에는 소화불량의 고통을 덜 느끼게 해주는 무언가가 있다." 에디슨은 새롭게 시도하는 것은 무엇이든 실험이라고 규정했다. 그는 일상적인 일에서조차 크건 작건 문제가 생기면 그것을 골칫거리로 여기지 않고 실험 대상으로 여겼다.

우리들 역시 정주영 회장이나 에디슨처럼 항상 무언가를 실험하며 살아간다. 그리고 가끔씩 실패한다. 하지만 실패를 실험이라고 여기는 사람은 별로 없다. 실패를 또 다른 의미의 성공이라고 생각하는 사람도 별로 없다. 뛰어난 사람과 평범한 사람은 바로 그 점에서 다르다.

실험이라 생각하면
인생이 즐겁다

에디슨이 보통사람과 다른 것은 모두가 '경험 Experience'이라고 말하는 것을 '실험Experiment'으로 규정했다는 것이다. 의미부여가 달라지면 생각이 달라지고 생각이 달라지면 행동도 달라진다. 경험과 실험은 둘 다 '시도' '증명'을 의미하는 라틴어, 'Experientia(엑스페리엔시아)'에 어원을 두고 있다. 그리고 경험과 실험에는 모두 '시행착오'라는 개념이 포함되어 있기 때문에 사실 두 가지 말은 같은 의미를 갖는다.

고백하고 싶은 사람이 있는데, 환불을 받고 싶은데, 설득할 사람이 생겼는데 '망신만 당할 거야' '괜한 짓이야' '그 사람은 안 돼' 이런 생각이 들 때 그냥 포기하지 말고 그 상황을 실험상황이라고 생각하자. 유심히 관찰하고 가설을 세워보자. 해결책을 도출하고 실험을 시도하자. 거절당하더라도 말을 걸어보자. 오래전에 연애박사란 별명을 가진 친구 한 명이 그를 부러워하면서 비결을 묻는 친구들에게 이렇게 말했다. "그냥 실험이라고 생각해. 그러면 부담도 없고 실제로 실패를 하다 보면 시도하지 않았을 때 배울 수 없는 많은 걸 배울 수 있어."

내가 아는 중소기업 사장 한 분은 자녀와의 갈등 때문에 오랫동안 마음고생을 했다. 그런데 요즘은 표정이 많이 밝아졌다. 이유를 묻자 그는 웃으면서 이렇게 대답했다. "더 자상한 아빠가 되기 위해 이런저런 실험을 하고 있습니다." 실험이라 생각하면 망설일 이유가 없다. 1퍼센트의 가능성도 없는 일, 말 그대로 100퍼센트 실패할 수밖에 없는 일이라도 그 일을 실험해본 사람에게는 남는 것이 있다.

작은 일을 할 때조차도 그걸 의식적으로 실험이라고 규정하고, 실패했을 때도 단지 가설이 지지되지 않은 실험일 뿐이라고 생각하면 우리에게 몇 가지 변화가 일어난다. 첫째, 부담이 줄어 일을 시작하기가 쉬워진다. 둘째, 도중에 힘들거나 실패하더라도 스트레스를 덜받게 된다. 셋째, 해결책을 찾는 능력이 늘어 성과로 이어지고 삶이즐거워진다.

평소에 실험정신을 기르려면 어떻게 해야 할까? 첫째, 해보지도 않고 미리부터 안 될 거라고 단정하지 말아야 한다. 불가능하다고 생각하면 우리 머리는 해낼 수 없는 이유들만 찾아낸다. 둘째, 호기심을 갖고 문제상황을 바라보면서 모든 시도를 실험이라고 생각해야 한다. 셋째, 모든 문제에는 반드시 답이 있으며 해결책은 하나가아니라는 사실을 믿어야 한다. 불가능하다고 생각하면 안 되는 이유들이 머릿속을 지배하고 가능하다고 믿으면 우리의 뇌는 어떻게든해답을 찾아낸다.

우리를 비난하고 하는 일을 방해하는 사람들을 만날 때, 그들을 탓하고 원망하는 대신, 실험이 필요한 상황이라고 생각하고 이렇게 자문하자. "이번엔 또 어떤 실험을 해볼까?" 실험정신은 과학자나 기업가에게만 필요한 것이 아니다. 화해하고 싶을 때, 영어단어 외울 때, 우는 아이를 달랠 때도 실험정신이 필요하다. 다음 내용은 내 강의를 들은 청중 한 명이 보내온 실험내용이다.

> "밤 10시에 하는 요가 수업에 근래 자주 빠져, 주로 언제 빠지는지 스스로 실험 자가 되어 관찰해봤습니다. 다 씻고 잠옷으로 갈아입은 날은 요가하러 가기가 싫어지더라고요. 그래서 조금 찝찝해도 옷을 안 갈아입고 안 씻고 있어보기로 했습니다. 그랬더니 얼른 요가를 다녀와서 시원하게 샤워하고 싶은 생각이 절로 들었어요. 실험하듯이 하니 재미있네요. 부부간의 애정표현이나 다투고 난 뒤 화해를 시도할 때도 그냥 '실험'이라고 생각하면 한결 쉬워질 것 같습니다."

가장 하기 싫은 일, 가장 두려워하는 일은 대부분 우리가 꼭 해야만 하는 일이다. 인생의 행불행과 성패는 그런 일을 기꺼이 하는 정도에 의해서 좌우되며 그런 일을 시도하는 데 가장 도움이 되는 것이 바로 실험정신이다.

패턴에서 벗어나 다른 결과를 기대할 수 있는 한 가지 방법은 정기적으로 '실험의 날'을 정해 반복되는 일상의 패턴에서 벗어나보는 것이다. 우리는 매일 같은 시간에 일어나서, 같은 길로 출근하고

🖋 실험정신이 좋은 세 가지 이유

❶ **실패에 대한 두려움이 줄어든다**: 실험에서는 시행착오를 당연한 것으로 생각하며 실패란 가설이 틀렸다는 사실을 제대로 검증한 것이므로 실패에 대한 두려움이 줄어든다.

❷ **창의성이 늘어난다**: 실험이란 기존 지식이나 이론을 새로운 이론으로 대체하는 것이므로 실험정신을 갖게 되면 일을 할 때 고정관념에서 벗어나고 시야가 넓어져 융통성과 창의성이 늘어난다.

❸ **통제감이 고양된다**: 실험이란 어떤 현상을 유심히 관찰하고 여러 조건을 인위적으로 조작하여 가설을 검증하는 절차이므로 자신과 세상에 대한 통제감이 고양된다.

항상 다니던 사람과 함께 비슷한 식당에서 밥을 먹는다. 또 똑같은 경로를 거쳐 퇴근하고 비슷한 시간에 잠이 든다.

실험의 날에는 평소 하던 일 중 세 가지만 골라 평소와 다른 식으로 해보자. 평소 일어나자마자 신문을 보고 퇴근하자마자 TV를 시청했다면 그날 하루는 신문을 보지 말고 TV를 켜지 말자. 엘리베이터에서 만나는 이웃에게 가볍게 목례를 해보고 아랫사람들에게도 먼저 인사를 해보자.

퇴근 후 매일 TV를 본다면 TV 시청 대신 할 수 있는 다른 일들을 떠올려보고 그중 하나를 실험정신을 갖고 시도하자. 예를 들면 다음과 같은 것들이다. 1) 책을 읽는다. 2) 여행소감문을 쓴다. 3) 산책한다. 4) 오랫동안 연락이 끊긴 친구에게 연락한다. 5) 방에 불을 끄고 클래식 음악을 듣는다. 6) 배우자와 포장마차에 간다. 7) 아이들과 신나게 놀아본다.

지금까지의 패턴과 다른 시도를 하게 되면 몇 가지 변화가 일어난다. 삶의 방식이 다양해지고 철학이 달라진다. 삶의 권태로움이 줄고 선택의 폭이 늘어나 활력이 솟게 된다. 안 가보던 다른 길을 가면 다른 풍경을 만나게 되고, 다른 음악을 들으면 다른 감정을 느끼게 된다. 다른 일을 하게 되면 다른 생각을 하게 되고 다른 방법을 찾다 보면 다른 결과를 얻게 된다. 지금까지와는 다른 결과를 원한다면 다르게 생각하고 다르게 행동해야 한다.

에디슨이나 정주영 회장처럼 과학자나 기업가만이 실험정신을 발휘할 수 있다고 생각하지 말자. 달력을 꺼내자. 그리고 지금 실험의 날을 정해보자. 달력 속에 이런 특별한 날들이 군데군데 섞여 있으면 우리의 삶은 이전보다 훨씬 더 풍요로워질 것이다. 인생은 늘 실험의 연속이다. One Day! One Experiment!

Stop: 실험정신을 발휘해 바꾸면 더 좋은 결과가 일어날 수 있지만 아직 바꾸지 못하고 있는 문제행동들을 찾아보자.

_____

_____

_____

_____

Think: 그중 한 가지를 골라 어떻게 하면 성공적으로 변화를 끌어낼 수 있을지 가설을 세워보자.

_____

_____

_____

_____

Action: 실험정신을 발휘하여 변화를 시도할 수 있는 새로운 방법을 찾아 시도해보자.

_____

_____

_____

_____

One More

시도!

배고파보신 적이 있나요?

매일
똑같은
퇴근길을
버리고
다른길로
가보자!

레스토랑 입구에서 노숙자 한 명이 피켓을 들고 있었다. "집이 없어요, 도와주세요." 지나가던 한 남자가 이 노숙자에게 2달러를 쥐어주며 피켓의 문구를 바꾸고 두 시간만 더 서 있으면 5달러를 주겠다고 제안했다. 두 시간이 지난 후 식사를 끝낸 남자가 노숙자에게 약속한 대로 5달러를 내밀었다. 그 노숙자는 5달러를 사양하면서 오히려 10달러를 주겠다고 내밀었다. 두 시간 동안 무려 60달러를 벌었다는 것이다. 그 남자가 바꿔 써준 피켓의 문구는 "배고파보신 적이 있나요?"였다. 그는 패트릭 랑보

예쁜
꽃집

푸른
기와집

분홍색 창집

골목에 숨겨
포장마

아제Patric Renvoise, 마케팅 전문가였다. (패트릭 랑보아제 외, 《뉴로 마케팅》 중에서)

한 부랑자가 "저는 앞을 못 보는 맹인입니다"라고 적힌 팻말을 목에 걸고 거리에서 구걸하고 있었다. 그러나 그 누구도 그에게 적선을 하지 않았다. 한 남자가 다가왔다. 그리고 부랑자가 목에 걸고 있던 팻말을 뒤집어 뭔가를 써놓고 그 자리를 떠났다. 깡통에는 순식간에 동전이 쌓이기 시작했다. 거기에는 이렇게 적혀 있었다. "봄이 왔습니다. 하지만 저는 그 봄을 볼 수가 없네요." 문구를 바꿔 적은 사람은 앙드레 브르통Andre Breton, 프랑스의 시인이었다. (히스이 고타로, 《3초 만에 행복해지는 명언 테라피》 중에서)

지금 나에게 누군가의 도움이 필요한 일은 무엇인가? 실험정신을 발휘해 상대가 나를 돕고 싶게 만들 수 있는 나만의 남다른 시도는 무엇인가?

흠!

가보지 않으면
알수없는
발견의 기쁨

진심을 담아 요청하라
놀라운 일이 일어난다

그저 묻기만 하면 된다. 당신이 기대하는 것보다
자주 듣게 될 대답은 "물론이죠"일 것이다
– 랜디 포시

"저는 어릴 때부터 남달리 자존심이 강했습니다. 그래서 타인에게 도움을 요청하는 일은 절대 하지 않았습니다. 그러다 보니 간단하게 해결되는 문제들도 혼자서 끙끙대는 경우가 많습니다. 그런데 교수님 말씀처럼 부탁을 해보기로 결심을 하고, 높게만 보이던 명문대 교수님께 메일을 보냈습니다. 그러고는 '괜히 보냈다'는 생각을 하면서 조마조마한 마음으로 답신 메일을 기다렸습니다. 그런데 뜻밖에도 금방 답메일이 왔습니다. 떨리는 손으로 클릭해보니 친절한 답변과 함께 도움을 받을 박사과정 대학원생까지 소개해주셨더군요. 물어보기라도 해라, '도움을 요청하면 사람들은 의외로 좋아한다'는 교수님의 말씀이 없었다면 이런 시도는 결코 할 수 없었을 겁니다."

– 자존심 때문에 도움을 요청하기 힘들었던 대학교 4학년 남학생

도움을 요청하면
문제해결이 쉬워진다

지방에서 학교를 다니는 한 학생이 서울의 모 대학 대학원에 진학하고 싶은데 어떻게 해야 할지 모르겠다고 자문을 구해왔다. 그래서 나는 그에게 지도받고 싶은 교수에게 정중하게 이메일을 보내 도움을 요청하라고 조언했다. 앞선 내용은 그 학생이 원하는 대학의 교수로부터 답신 메일을 받고 내게 보내온 메일의 일부이다. 그런데 모르면서도 알려달라고 부탁하지 못하고, 도움이 필요한데도 도움을 청하지 못하는 사람들이 많다. 왜 그럴까? 몇 가지 이유가 있다.

첫째, 모른다고 말하면 무시당할지 모른다고 생각하기 때문이다. 특히 남자들은 길을 잘못 들어섰을 때조차도 길을 묻지 않는 경향이 있다. 실제로 영국왕립자동차협회Royal Automobile Club의 조사결과에 의하면 남자들은 길을 모를 때 평균 20분씩이나 버티다가 길을 물어보며, 함께 탄 여성이 "제발 좀 길을 물어보라"고 잔소리를 할 때조차 10분 이상을 꿋꿋하게 버티는 것으로 나타났다. 최근 미국의 ABC 방송도 영국 보험회사의 통계를 인용해 남성 운전자들이 자존심 때문에 길을 묻지 않아 1년 동안 평균 444킬로미터나 헛주행을 한다는 조사결과를 보도했다.

무엇이든 혼자 해결해야 한다는 생각이 뿌리 깊게 박혀 있는 사람들이라면, 남에게 도움을 요청하는 것은 구걸이나 다를 바 없다고 생각할 수도 있다. 하지만 사람들은 의외로 "모른다"고 말할 수 있는 사람을 솔직하고, 겸손하며, 당당한 사람으로 생각해 친근감을 느끼고 좋아한다. 세계적인 대문호 마크 트웨인은 이렇게 말했다. "나는 대답을 빨리 해서 사람들을 기쁘게 하는 재주가 있다. 그냥 '나는 모른다'고 말한다." 모르면 그냥 "모른다"고 말해보자. 물론, 그리 쉬운 일은 아니다. 서머셋 모옴도 이렇게 말했다고 하지 않은가. "인생을 거의 다 살고 난 다음에야 나는 '몰라요!'라고 말하는 것이 얼마나 쉬운 일인지 깨닫게 되었다."

둘째, 거절당할지도 모른다고 생각하기 때문이다. 하지만 거절을 두려워할 필요는 없다. 조언을 구하고 도움을 요청하는 것이 우리의 선택이라면, 조언이나 도움을 제공할지 여부를 결정하는 것은 그들의 몫이라고 생각하며 그들의 선택을 존중해주면 된다.

셋째, 주도적인 삶을 사는 사람은 부탁 같은 건 하지 않는다고 생각하기 때문이다. 어느 날, 한 학생이 논문계획서 제출 마감시한이 임박했는데도 주제를 잡지 못했다며 자포자기 상태로 연구실을 찾아왔다. 최선을 다했느냐는 내 질문에 학생은 기어들어가는 목소리로 이렇게 말했다. "최선을 다했지만 능력이 없어서……." 나는 그에게 "왜 나에게 도움을 청하지 않았느냐"고 물으면서 "최선을 다한다는 것은 다른 사람에게 도움을 청하는 것까지 포함한다"고 일러주었다. 주도성의 가장 우아한 형태는 다른 사람에게 도움과 지도를 요청하는 것을 포함한다. 자신이 지금까지 다른 사람의 도움 없이 그 자리까지 왔다면 정말 장한 일을 한 것이다. 그러니 이제부터는 조금 더 우아하게 주도성을 발휘해보자.

상담을 하다 보면 삶에서 좌절하고 절망하는 사람들을 많이 만나게 된다. 그들을 찬찬히 뜯어보면 한 가지 공통점이 있다. 원하는 것을 제대로 요청하지 못한다는 것이다. 식당 주인들은 왜 장사가 안된다고 울상을 지으면서도 창업 컨설턴트에게 자문을 구하거나 대박집을 찾아가 비법을 전수해달라고 부탁하지 않을까? 나는 내가 가는 식당의 주인들로부터 한 번도 손님들을 데리고 와달라는 부탁을 받은 적이 없다. 새로운 손님을 모시고 갔을 때 고맙다는 인사를 받아본 적도 없다. 100명에게 부탁하면 새 손님을 한 명이라도 데리고 오지 않을까? 다른 손님을 데리고 갔을 때 감사표시를 하면 한 명이라도 더 데려오지 않을까? 다른 사람의 도움 없이는 어떤 사람도 풍요로운 삶을 살 수 없다. 원하는 것을 이루지 못했다는 것은 다른 사람의 도움을 적절하게 받지 못했다는 의미이다. 또, 다른 사람의 도움을 받지 못했다는 것은 적절하게 도움을 청하지 못했다는 것이다. 실제로 다른 사람에게 도움을 요청하면서 다이어트를 하는 사람은 그렇지 않은 사람보다 살을 뺄 가능성이 3배나 더 높다.

어디서 무엇을 해도 하는 일마다 잘되는 사람들이 있다. 그들은 일자리를 구하든, 교수에게 추천서를 받든, 식당을 운영하든 간에 언제나 원하는 것을 남보다 효과적으로 얻어낸다. 그들이 갖고 있는 비결 중 하나는 원하는 것을 적절하게 요청할 수 있다는 것이다. 이렇게 모르는 것을 모른다고 말하고 도움이 필요할 때 적절하게 도움을 요청하는 것이 성공적인 삶에 왜 그리 중요할까? 그것은 더 많은 것을 배울 수 있고 쓸데없이 시간과 에너지를 낭비하지 않아도 되기 때문이다. 삶에서 지름길을 찾는 가장 확실한 방법은 앞서간 사람에게 길을 물어보는 것이다.

질문을 해야 답을 얻을 수 있고, 도와달라고 해야 도움을 받을 수 있다. 그러니 도움이 필요하면 먼저 도움을 요청하자. 요청하는 행위 자체가 알라딘의 요술램프처럼 원하는 것을 얻게 해주는 효과가 있기 때문에 이를 '알라딘 효과Aladdin Effect'라고 한다.

필요할 때 도움을 요청할 줄 알아야 하는 이유가 몇 가지 있다. 첫째, 모르는 것을 묻거나 도움을 적극적으로 요청하는 사람은 그렇지 못한 사람에 비해 동기가 더 강하다. 동기가 강한 사람은 무슨 일을 하든 원하는 것을 얻을 가능성이 더 높다. 둘째, 배움을 청할 줄 아는 사람은 겸손한 사람이고 겸손한 사람은 다른 사람의 협조를 얻어낼 가능성이 많다. 실제로 겸손하지 못한 사람은 자존심 상한다면서 남에게 고개를 숙이고 도움을 청하지 못한다. 셋째, 무엇이든 보려고 해야 보이듯이 도움을 청하려고 해야 도와줄 사람을 찾게 된다.

도움을 요청하는 행위는 세상에 신호를 보내는 것과 같다. 묻지 않는 것은 배우고 싶지 않다는 것이고 도움을 청하지 않는 것은 절실하게 원하지 않는다는 것과 같다. 일찍이 공자는 '분발하지 않으면 알려주지 않고, 애태우지 않으면 일러주지 않는다不憤不啓 不悱不發'고 했다. 어디 공자뿐이겠는가?

그러니 가르침을 청하는 것을 망설이지 말자. 도움을 청하는 일을 두려워하지 말자. 경쟁자로 생각했던 사람을 친구로 만들 수도 있고 어렵게만 느껴졌던 사람을 멘토로 삼을 수도 있다. 가르침을 청하는 사람을 미워하는 사람은 없고 조언을 부탁하는 사람을 싫어하는 사람은 없다. 사람들은 자신을 가르치려는 사람보다 자신에게 가르침을 구하는 사람을 더 좋아한다. 또한 자신에게 충고하려 드는 사람보다 조언을 구하는 사람에게 더 호감을 느낀다. 왜 그럴까?

믿음이 가지 않는 사람에게는 조언을 구하지 않을 것이고, 존경하지 않는 사람에게는 배우려 하지도 않을 거라 생각하기 때문이다. 좋아하지 않으면 도움을 요청하지도 않을 거라고 생각하기 때문이다. 싫은 사람에게는 부탁할 게 있어도 부탁하지 않는 게 인지상정이다. 그러므로 도움을 청하는 것은 도움을 받은 사람뿐 아니라 도움을 베푼 사람에게도 기쁨을 준다. 근대 심리학의 아버지 윌리엄 제임스William James는 이렇게 말했다. "인간의 가장 뿌리 깊은 본성은 인정받고 싶은 욕구이다."

누군가를 도우며 기쁨을 느낀 적이 있다면, 타인에게도 그런 기회를 제공해야 한다. 누군가에게 도움을 청했다면 상대방에게 자신이 '가치 있는 존재'임을 느낄 수 있는 기회를 제공한 것이다. 결과적으로 그 사람에게 친절과 호의를 제공한 것이다. 그러니 너무 주저하지 말고 알라딘 램프의 요정 '지니'를 불러보자. 21세기의 지니는 전화, 메일, 인터넷 카페, 트위터 등등 수도 없이 많은 방법으로 불러낼 수 있다.

지레짐작해서 미리부터
포기하지 말자

죽음을 앞두고 행한 강의로 전 세계 수천만 명을 감동시킨 랜디 포시Randy Pausch 교수는 그의 저서 《마지막 강의》에서 돌아가신 아버지와 마지막으로 했던 디즈니월드 여행을 회고하면서, 원하는 게 있으면 용기를 내서 요청하라고 말한다.

"네 살짜리 아들이 모노레일의 머리 부분에 운전사와 함께 앉고 싶어했습니다. 스릴을 좋아하는 아버지도 그러고 싶어하셨지만 일반 관객들은 그곳에 앉지 못한다는 것을 알고 단념하셨습니다. 그때 제가 안내원에게 물었습니다. '실례합니다. 우리 세 명이 첫 번째 칸에 앉을 수 있도록 부탁 좀 드려도 될까요?' 그러자 안내원이 말했습니다. '물론입니다, 손님.'"

안 될 거라 지레짐작하고 그만두지 말자. 시도해보지도 않고 미리부터 포기하지 말자. 궁금하면 그냥 물어보기라도 하자. 도움이 필요하면 도와달라고 부탁하자. 물론 거절당할 수도 있고 좌절감을 맛볼 수도 있다. 하지만 용기를 내서 그냥 물어보기만 해도 우리는 기대보다 훨씬 더 많이 "물론이죠!"라는 답을 듣게 될 것이다.

그렇다고 무턱대고 내키는 대로 물어보면 안 된다. 아무 생각 없이 도움을 청해서도 안 된다. 도움을 받으려면 무엇보다 상대방으로부터 우리를 돕고 싶은 마음이 들게 해야 한다. 도와주지 않으면 안 될 이유를 제공해야 한다. 상대방이 누구인지도 모르고 제대로 된 이유도 제공하지 않은 채 부탁하는 사람에게 도움을 줄 사람은 없다. 사람은 이유를 찾는 존재이기 때문이다. 부탁하는 사람이 아니라 부탁을 들어줄 사람의 입장에서 도와주고 싶은 이유, 도와주지 않으면 안 될 이유를 제공해야 하며 거기에는 다음과 같은 세 가지가 포함되어야 한다. 그리고 이때 반드시 명심해야 할 것이 있다. '마음속으로 생각만 하는 것은 아무 소용이 없으며 표현되지 않은 선의善意는 선의가 아니다'라는 사실이다. 생각은 적절하게 밖으로 표현될 때 상대에게 제대로 전달된다.

첫째, 자신이 어떤 노력을 했는지 알려줘야 한다. '하늘은 스스로 돕는 자를 돕는다'는 서양격언이 있다. '진인사대천명盡人事待天命'이라는 동양격언도 있다. 모두 인간으로서 해야 할 일을 다 하고 나서야 하늘이 돕는다는 말이다. 어디 하늘뿐이겠는가? 세상에 아무 노력 없이 남의 도움만 바라는 사람을 선뜻 나서서 도와주겠다는 사람은 없다. 도움을 받으려면 상대에게 자신이 했던 그간의 노력과 실천과정을 알려서, 도와주면 보람이 있을 거라는 확신을 줄 수 있어야 한다. 도움을 청해도 반응이 없다면 상대에게 자신이 도와줄 가치가 있는 사람이라는 확신을 심어주지 못했기 때문이다.

둘째, 남다르게 요청해야 한다. 조언을 요청하면서도 건성으로 하거나 남들과 똑같은 방식으로 부탁하는 사람들이 많다. 조언이나 도움을 청하려면 상대를 진심으로 존중하면서 배우려는 태도와 겸손한 자세를 갖추고 남다르게 접근해야 한다. 정중하지 못한 사람에게 도움을 줄 사람은 없다. 남다른 도움을 원한다면 남다르게 요청해야 한다. 상대의 반응이 신통치 않다면 먼저 도움을 요청하는 자신의 태도에 문제가 없는지부터 살펴보자.

셋째, 보답을 약속하고 피드백을 제공해야 한다. 무조건 부탁만 하는 사람도 많고 도움을 받고 난 뒤 소식을 뚝 끊는 사람도 많다. 한 연구에 따르면 그냥 무심코 도움을 청했을 때 도움을 받을 가능성은 25퍼센트를 넘지 못한다. 하지만 보답 가능성을 제시하면 그 가능성은 80퍼센트 이상으로 껑충 뛴다. 어떤 관계든 한쪽만 이득을 보는 일방적인 관계는 오래 지속될 수 없다. 그런데 무엇으로 보답해야 할지 모르겠다면 상대방과 입장을 바꿔 생각해보면 된다. 또 조언이나 도움을 받았다면 결과에 대한 피드백을 제공해야 한다. 표가 안 나는 일에 시간과 에너지를 투자하고 싶어하는 사람은 없으며 보답할 줄도 모르고 결과조차 알려주지 않은 사람에게 다시 도움을 줄 사람도 없다. 한 번 도와줬던 사람이 다음번 요청에 냉담한 태도를 보인다면 그것은 상대에게 보답이나 피드백을 제대로 제공하지 않았다는 증거다.

✎ **도와주면서도 기분 좋은 사람들의 세 가지 특징**

❶ 도움을 요청하기 전에 투자한 노력과 실천과정을 알려준다.

❷ 진심으로 존중하는 마음과 겸손한 자세로 남다르게 요청한다.

❸ 보답을 약속하고 도움에 대한 피드백을 제공하여 감사를 표현한다.

조언이나 도움을 청할 때 돈키호테처럼 무턱대고 들이대는 사람이 많다. 그게 용기라고 착각하기 때문이다. 하지만 그들은 원하는 것을 얻지 못하고 결국 좌절감만 맛보게 된다. 도움을 받고도 당연시 하는 사람들도 많다. 당연하게 여기고 사례할 줄 모르는 사람에게 또다시 도움을 주고 싶어하는 사람은 없다. 그리고 그들에게는 '얌체' '이기주의자' '빈대' 등의 부정적인 꼬리표가 붙게 된다. 대가를 바라지 않고 도움을 제공한 사람들조차도 당연시 여기는 사람들은 돕고 싶어하지 않는다. 그런 사람은 도와줘봤자 보람이나 의미를 찾을 수 없기 때문이다.

가족들과 아랫사람에게도
도움을 청해보자

무슨 일이든 다른 사람들이 관여된 일에서 실행력을 높이려면 반드시 적절하게 요청하는 기술이 필요하다. 가령, 크리스마스 전에 이성 친구를 만들겠다고 제아무리 단단히 각오를 해도 데이트 요청을 제대로 할 수 없다면 아무 일도 일어나지 않는다. 화목한 가정을 이루려면 반드시 배우자의 협조를 끌어내야 한다. 아무리 매출을 올리고 싶어도 고객들에게 설득력 있게 구매를 요청할 수 없다면 목표를 달성할 수 없다. 다른 사람들과 함께 살아가는 이 세상에서 원하는 것을 얻으려면 반드시 효과적으로 요청할 수 있는 방법을 배우고 익혀야 한다.

　모르는 것을 물어보고, 도움을 청하는 것은 앞서간 사람이나 윗사람에게만 하는 것이 아니다. 리더십이 뛰어난 상사는 부하직원에게 스스럼없이 조언을 요청한다. 행복한 부부는 힘들 때 배우자에게 도움을 요청할 줄 안다. 존경받는 교사나 부모들 역시 아랫사람에게 모르는 것은 모른다고 말하고 자연스럽게 도움을 청할 줄 안다. 자녀나 학생들을 돕고 싶다면 그들에게 도움을 요청하자. 부부싸움을 줄이고 화목한 가정을 만들고 싶다면 혼자서만 의지를 발휘하려 하지 말고 배우자와 자녀들에게 협조를 요청하자.

　"아빠는 네 도움이 필요해" "엄마 좀 도와줄래?" 하고 아이들에게 지시나 명령 대신 부탁을 하면 몇 가지 좋은 점이 있다. 첫째, 거부감을 줄여주기 때문에 아이들을 설득할 가능성이 높아진다. 둘째, 존중받는다는 생각을 하게 되어 자녀들의 자존감이 높아진다. 셋째, 결과적으로 자녀와의 관계도 좋아진다.

　사람들이 자신을 돕지 않는다면 두 가지 이유 중 하나다. 하나는 도움을 요청하지 않았기 때문이고 또 하나는 적절하게 요청하지 못했기 때문이다. 세상의 모든 어려운 문제들이 어떤 사람에게는 간단히 풀린다. 금연, 다이어트, 돈 버는 것, 행복한 가정을 꾸리는 것 등 우리가 아직 해결하지 못한 그 문제는 반드시 누군가 이미 해결해버린 문제이다. 그러므로 어떤 문제든 그걸 해결할 수 있는 가장 효과적인 방법은 나보다 앞서 문제를 해결한 사람을 찾아 그에게 도움을 요청하는 것이다.

그대에게 누군가의 도움이 필요한 일은 무엇이고 도움을 줄 수 있는 사람은 누구인가? 도움을 받기 위해 그대가 지금부터 해야 할 일은 무엇인가?

Stop: 누군가에게 물어보거나 도움을 요청하지 못해 원하는 것을 얻지 못한 경험 한 가지를 찾아보자.

_____

_____

_____

_____

Think: 도움을 받기 위해 명심해야 할 내용 세 가지를 떠올려보자.

_____

_____

_____

Action: 누군가에게 도움을 받고 싶은 일 한 가지를 떠올려보고 구체적으로 어떻게 요청하고 어떻게 보답할 것인지 계획을 세워 당장 실천에 옮겨보자.

_____

_____

_____

_____

부탁하라, 그러면 친해질 것이다

벤저민 프랭클린이 펜실베이니아 주 의회 서기로 출마할 때였다. 한 의원이 라이벌 후보를 옹호하면서 프랭클린을 비방하는 연설을 했다. 그러나 그 의원이 지지한 후보가 낙선하고 대신 프랭클린이 당선되어 두 사람의 관계는 점점 더 나빠졌다. 프랭클린은 그와의 관계를 개선하고 싶었지만 비굴하게 아첨을 하면서까지 상대의 호감을 사고 싶지는 않았다. 그러던 중 '사람은 자기에게 친절을 베풀어준 사람보다 자기가 친절을 베풀었던 사람을 더 좋아한다'는 속담이 떠올라 이를 실험해보기로 했다. 프랭클린은 그 의원에게 "매우 진귀한 책을 소장하고 있다는 소문을 들었는데 미안하지만 그 책을 며칠만 빌려줄 수 있겠느냐"고 정중하게 부탁하는 편지를 보냈다. 그 의원은 즉시 프랭클린에게 책을 보내주었다. 프랭

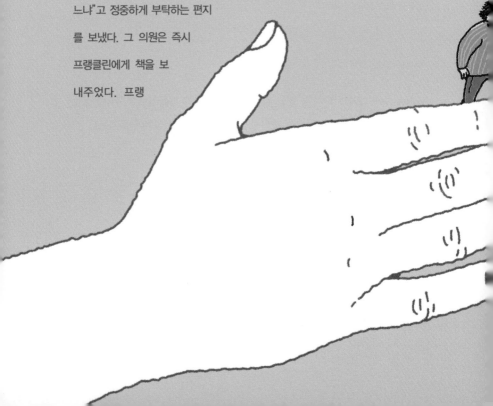

클린은 며칠 뒤, 진심 어린 감사 편지와 함께 책을 돌려주었다. 그 다음 의회에서 만났을 때 그 의원은 이전과 달리 먼저 공손하게 말을 걸어왔다. 이후, 두 사람은 친구가 되었으며 그들의 우정은 죽을 때까지 계속되었다.

이처럼 도움을 제공한 사람이 도움을 요청한 사람에게 호의를 느끼게 되는 것을 심리학에서는 '벤저민 프랭클린 효과Benjamin Franklin Effect'라고 한다.

 지금, 관계를 개선하고 싶은 사람은 누구인가? 관계 개선을 위해 그에게 부탁할 일은 무엇이며 이때 유념해야 할 것은 무엇인가?

✻ 고수의 TIP !
껄끄러운 그와 악수하고
싶을때 건네야 할 말은
'안녕하세요?'가 아니고
'저.. 부탁이 있는데요..' 라는 것!

관찰하고 기록하라
저절로 달라진다

자신의 활동을 기록하는 사람은 그렇지 않은 사람보다 목표를 이룰 확률이 높다
- 메리 제인 라이언

"우리 반 급훈 응모 결과 '엄마가 보고 있다'가 뽑혔습니다. 이걸 제안한 친구는 수업 중에 장난을 치다가도 이 급훈을 보면 열심히 공부하게 될 거라고 그 이유를 설명했습니다. 집을 떠나 외지에서 공부하는 나는 엄마와 함께 찍은 사진을 책상 위에 놓아두고 있습니다. 어느 날 친구들이 내 방에 놀러왔습니다. 한 아이가 책상 위의 사진을 엎으며 이렇게 소리쳤지요. '엄마가 나가셨다. 신나게 놀자!'"

– 아무도 안 보면 신나게 놀고 싶은 고등학교 2학년 여학생

누군가 보고 있으면
행동이 달라진다

앞선 고등학생의 사례가 우리에게 시사해주는 점은 무엇일까? 아무도 없을 때와 누군가가 우리를 지켜볼 때, 우리의 행동은 완전히 달라질 수 있다는 것이다. 실제로 지켜보는 눈이 있다고 생각되는 상황에서는 범죄 발생률이 현저하게 저하된다.

서울 강남구청은 2004년 CCTV를 시범운영한 결과, 5대 범죄가 전년 대비 37퍼센트 감소했고 강·절도 사건은 41퍼센트가 감소했다고 발표했다. 또 CCTV를 설치한 2004년 8월 이후 3년 동안 범죄 발생 건수가 32.9퍼센트 줄어들었다. 특히 강도 사건은 52.5퍼센트, 절도는 51.1퍼센트나 줄었다.

누군가 곁에서 지켜보고 있을 때나 CCTV로 자신의 행동이 감시당하고 있다고 생각될 때는 물론이고 단지 사람처럼 생긴 로봇만 옆에 있어도 우리의 행동은 달라진다. 실제로 하버드 대학 연구팀이 진행한 한 연구에서 자선기금 통 옆에 사람 모양의 로봇이 있을 때와 없을 때, 자선기금의 모금액이 어떻게 달라지는지 비교했다. 연구결과, 로봇이 옆에 있을 때는 없을 때보다 모금액이 무려 30퍼센트나 더 많았다.

심지어는 사진 속의 눈이 지켜보기만 해도 사람들의 행동이 달라졌다. 영국의 뉴캐슬 대학 연구팀은 대학 구내식당에 자율판매점을 설치해 커피, 우유 등을 판매했다. 무인판매대의 돈 넣는 상자 위에 붙어 있는 메뉴판에, 한 주는 꽃 사진을 붙이고 그 다음 주는 사람의 두 눈 사진을 붙였다. 주별 매상고를 비교한 결과, 메뉴판에 사람의 눈 사진을 붙였을 때가 매상이 2.76배나 올랐다.

　내가 아는 교수 한 분은 아끼던 난 화분 세 개를 아파트 복도에 내놓고 키우다 잃어버렸다. 그 후 그는 큰 종이에 눈동자를 크게 그리고 속눈썹까지 예쁘게 그려넣은 뒤 밑에다 다음과 같이 적었다. "어머니! 어머니께서 수십 년 동안 키워오신 화분을 요즘 누가 자꾸 가져가요. 하지만 화초들이 그 집에 가서도 잘 지냈으면 좋겠어요." 그날 이후, 화분은 더 이상 사라지지 않았다.

　어떻게 사진이나 그림 속의 눈이 우리의 행동을 변화시킬 수 있을까? 우리의 뇌가 사진 속의 눈을 실제의 눈으로 착각하기 때문이다. 사람들은 누군가가 쳐다볼 때 자기도 모르게 남의 눈을 의식하는 경향이 있는데 이것은 사람의 얼굴과 눈이 진화과정에서 우리의 뇌 속에 강력한 신호로 자리 잡고 있기 때문이다. 그래서 그림속의 눈, 상상속의 눈도 실제로 누군가가 지켜볼 때와 비슷한 효과를 일으킨다.

　아무도 없다고 생각해서 결심한 행동을 실천에 옮기지 않고 있다면 누군가의 눈을 떠올리자. 상상 속의 눈은 신의 눈일 수도 있고,

엄마의 눈일 수도 있고, 자녀의 눈일 수도 있다. 자기 자신의 눈이어도 좋다. 실제로 심리학자 리처드 와이즈먼Richard Wiseman은 실험을 통해 음식을 마음대로 먹게 하면서 그 사람 앞에 거울을 놓아두면 건강에 좋지 않은 음식을 먹는 양이 32퍼센트나 줄어든다는 사실을 확인했다. 거울에 비친 자신의 모습을 보면서 자신의 몸과 행동을 더 의식하게 되어 건강에 좋은 음식을 골라 먹기 때문이다.

어떤 눈이든 그 눈이 우리를 지켜보고 있다고 생각하면 우리는 보다 현명한 선택을 할 수 있다. 격려와 지지를 아끼지 않는 사랑의 눈을 떠올려도 좋다. 현재의 자신을 따뜻하게 바라보는 미래의 자기 눈을 상상해도 좋다. 그냥 연필로 눈을 그려 붙이고 "○○○가 보고 있다"고 써 붙인 것만으로도 마음을 다잡게 되고 힘이 솟을 것이다.

관찰하고 기록하면
실천 가능성이 높아진다

집에서 혼자 할 때보다 헬스장에 가면 운동을 훨씬 더 열심히 하게 된다. 지켜보는 사람들이 많기 때문이다. 사람은 누군가가 지켜보고 있다고 느끼면 진지해진다. 초등학교 시절, 장학사가 수업을 참관하는 날은 수업을 하시는 선생님뿐 아니라 수업을 듣는 학생들의 태도까지 달라진다. 우리의 행동은 우리 자신이 지켜볼 때도 달라진다.

누군가(자신을 포함해서) 행동을 관찰하거나 기록하기만 해도 사람들의 행동이 달라지는데 이를 심리학에서는 '반응성 효과Reactivity Effect'라고 한다. 그리고 반응성을 유도하기 위해 자신의 행동을 관찰하고 기록하게 해서 행동을 수정하는 기법을 '자기감찰 기법Self-Monitoring Technique'이라고 한다.

어린 시절, 선생님들이 반장에게 교실에서 떠드는 아이들의 이름을 칠판에 적게 한 이유는 관찰과 기록이 아이들의 행동을 변화시킬 수 있기 때문이다. 자기감찰 기법은 시간관리, 저축, 운동, 금연, 금주, 다이어트 등 바람직한 행동을 늘리고 바람직하지 않은 행동은 감소시키는 데 널리 활용할 수 있다. 다이어트 프로그램에서 음식섭취와 운동량을 꼼꼼하게 관찰해서 기록한 사람들은 그렇지 않은 사람에 비해 성공할 가능성이 훨씬 더 높다.

그런데 자기를 관찰하고 기록하게 되면 왜 행동변화가 일어날까? 첫째, 행위를 관찰하는 것 자체가 그 행동을 더 나은 방향으로 변화시키는 경향이 있다. 손님이 오면 아이들에게 쓰는 부모들의 말투가 달라지지 않는가? 또, 누군가가 메모하는 모습을 관찰하면서 필체를 평가한다고 하면 글씨체가 달라질 수밖에 없지 않은가? 둘째, 자신의 행동과 그 행동에 영향을 미치는 원인을 관찰함으로써 자신을 더 효과적으로 관리할 수 있다. 예컨대, 시간낭비의 상당 부분이 포털사이트 검색에서 시작된다는 것을 알게 되면 인터넷 기본 페이지를 변경해야 한다는 정보를 얻게 된다. 셋째, 관찰결과가 피드백이나 보상으로 작용한다. 예컨대 다이어트를 할 때 음식을 먹는 시간과 양, 상황 등을 기록하면 그 자체가 피드백이 되고 보상으로 작용해 과식을 통제할 수 있게 된다. 자신의 행동을 관찰하고 기록하면 그 데이터를 토대로 보다 유리한 전략을 찾아낼 수 있다. 또 문제가 심각해지기 전에 손을 쓸 수도 있다. 아폴로호가 달 착륙에 성공한 것은 지속적으로 감시를 받았기 때문이다. 그래서 조금이라도 궤도를 이탈하면 즉각 궤도수정이 가능했다.

유명한 작가들도 자신을 통제하는 방법으로 자신의 행동을 관찰하고 기록하는 방법을 사용했다. 예컨대 어니스트 헤밍웨이는 글을 쓰면서 자신과의 약속을 지키기 위해, 박제된 가젤의 코 아래에 차트를 걸어두고 매일 작성한 원고매수를 기록했다. 덕분에 예상보다 작업을 많이 하고 난 다음날에는 바다에서 낚시하며 하루를 보내도 가책을 느끼지 않았다. 어빙 월리스 역시 글을 쓸 때 작업내용을 기록하는 습관을 갖고 있었다고 한다. "나는 19세에 첫 번째 책을 쓸 때부터 작업 차트를 계속 기록했다. 여기에는 내가 각 장을 쓰기 시작한 날짜, 끝낸 날짜와 분량이 기록되어 있다. 프리랜서 작가로서 고용주나 마감시간이 없이 독립적으로 일했기 때문에 스스로를 규제할 수 있는 규칙이 필요했다. 벽에 붙어 있는 차트는 나를 꾸짖거나 격려하는 규칙으로 작용했다."

> ✏️ **자기감찰 3단계**
>
> • **Step1 : 누군가의 눈, 혹은 자신의 눈으로 자신을 관찰하자_** 자신의 행동을 예의 주시하고 있으면 옆길로 샐 수 없다. 잊어버리고 실천하지 않을 수도 없다.
>
> • **Step2 : 수치를 사용한 관찰결과를 기록하자_** 수치로 측정된 결과를 그래프로 작성해 벽에 붙여놓자. 실천결과를 눈으로 확인할 수 있어야 변화가 일어난다.
>
> • **Step3 : 변화를 누군가에게 알려주자_** 실천결과나 변화과정을 블로그에 올리고 문자나 메일로 사람들에게 알려주자. 변화과정을 공개하면 포기하기가 어렵고 조언과 격려를 받을 수 있다.

내 대학원 지도학생 중 한 명은 논문을 준비하면서 내 사진을 책상 앞에 붙여놓고 "○○야, 논문 준비 계획대로 진행되고 있지?"라는 말풍선까지 그려넣었다고 한다. 매일 아침 기상시간을 자신의 블로그에 올려 늦잠 자는 버릇을 고친 학생도 있다. 실천에 옮기고 싶은 다짐이 있다면 미니홈피나 블로그에 올려보자. 방문자가 많지 않아도 상관없다. 누군가가 볼 수도 있다는 생각, 최소한 자신이 지켜보는 것만으로도 실천 가능성은 훨씬 높아진다.

어떤 일을 하든 자신이 관찰대상이 되면 그 활동을 더 의식적으로 자각하게 되고 그만큼 잘하려고 노력하게 된다. 어떤 일에 주의를 기울이게 되면 무심코 하는 것보다 훨씬 더 좋은 결과를 낸다는 것은 지극히 당연한 일이다. 그러므로 자신이 하고 있는 중요한 활동에 의식적으로 초점을 맞추면 점점 더 훌륭한 성과를 낼 수 있다. 관찰과 기록을 통해 확실하게 행동을 바꾸고 싶다면 그 결과를 가능한 한 눈에 잘 띄게 만들어야 한다.

관찰과 기록만으로
13년간의 환청에서 벗어나다

심리학자 이반 러트너Ivan Rutner 는 정신분열증 환자의 환청을 자기감찰 방법으로 불과 보름 만에 치료해 당시 이 분야의 전문가들을 놀라게 했다. 환자는 13년간 정신병원에 입원해 있던 47세의 여자로 그녀가 호소하는 가장 큰 문제는 시도 때도 없이 "빨리 자거라!" 등의 환청이 귀에 들린다는 것이었다. 치료진은 환자에게 환청이 들릴 때마다 보고하도록 하고 그때마다 이를 간호사 스테이션 벽에 걸린 차트에 기록해 환자 본인뿐아니라 병동의 모든 환자들과 직원들이 볼 수 있게 했다. 첫날에는 무려 181회의 환청이 기록됐으나 이후 기록이 계속되면서 극적인 변화가 일어나기 시작했다. 이틀째는 80회로 떨어졌고 3일째는 11회, 4일째는 한 번도 환청이 보고되지 않았다. 5일부터 16일까지는 많게는 16회에서 적게는 0회로 떨어졌으며 16일 이후에는 환청을 거의 듣지 못했고 환자는 6개월이 지날 때까지 다시는 환청문제를 호소하지 않았다.

체중을 줄여 날씬한 몸매를 갖고 싶다면 먼저 체중계를 하나 구입하라. 세로에는 체중, 가로에는 한 달간의 날짜가 기입된 커다란 그래프용지를 저울 위쪽 벽에 붙여놓고 목표체중을 빨간색으로 수평이 되게 굵은 선으로 그어놓자. 그리고 매일 몸무게를 체크하고 결과치를 파란색으로 표시해서 변화를 확인하자. 그러다 보면 외식이나 전날 밤에 먹은 야식으로 인해 늘어난 몸무게가 실감나게 느껴지기 때문에 그날그날의 식사량과 운동량을 조절하기가 훨씬 쉬워질 것이다.

실제로 체중을 주기적으로 재기만 해도 몸무게가 줄어든다는 연구결과가 있다. 댄 뷰트너Dan Buettner는 그의 저서 《세계의 장수마을 블루존》에서 "체중계야말로 과식하지 않도록 상기시켜주는 매우 간단하고도 효과적인 수단"이라고 강조하면서 다음과 같은 연구결과를 소개하고 있다. 체중을 줄이고 싶어하는 여성 3,026명을 추적한 결과, 매일 몸무게를 측정한 여성들은 2년 뒤에 평균 5.4킬로그램을 줄였다. 반면, 제대로 몸무게를 재지 않는 여성은 평균 2.2킬로그램이 늘었다. 매일 체중을 재기만 해도 그렇지 않은 사람에 비해 2년 후 7.6킬로그램이나 가벼워진다는 말이다. 그러니 자주 다니는 곳에 체중계를 두고 매일 체중을 잴 수밖에 없게 하자. 몸무게를 재는 것은 몸무게를 줄이고 오래도록 유지하게 해주는 가장 쉽고 확실한 방법이다.

하루 종일 정신없이 바쁘게 보낸 것 같은데 일은 줄어들지 않고 스트레스만 쌓인다면 자신이 시간을 어떻게 보내고 있는지 점검해봐야 한다. 노트를 꺼내놓고 집중해서 중요한 일을 하고 있는 시간을 적어보는 것이다. 일주일만 시간관리 내역을 제대로 기록해보면 그 원인을 찾아낼 수 있다. 내가 상담했던 대학생 한 명은 노트에 시간사용 내역을 기록해 점검한 후, 이렇게 말했다.

"처음 며칠간 제 자신을 관찰하면서 공부에 집중하고 있는 시간을 기록해봤더니 너무 많은 시간이 낭비되고 있다는 사실을 알게 되었습니다. 강의시간 3시간을 빼고 나면 혼자서 공부하는 시간이 1시간 20분밖에 되지 않는다는 사실을 알고 정말 놀랐습니다. 그런데 시간사용 내역을 기록하면서 이상한 변화가 일어났습니다. 단지 기록만 하는데도 공부하는 시간이 늘어난다는 것입니다. 내가 시간을 어떻게 보내고 있는지를 관찰하고 기록만 해도 이렇게 달라질 수 있다는 사실이 놀랍습니다. 가장 큰 이유는 기록하면서 자신의 행동을 예의 주시해야 하기 때문인 것 같습니다. 또, 그동안 시간을 낭비했던 것은 제 행동을 의식하지 않고 그저 무심결에 했기 때문이라는 생각이 듭니다."

투덜거리는 습관을 바꾸고 싶다는 내담자에게 나는 "바둑알을 왼쪽 호주머니에 넣고 다니다가 불평을 할 때마다 하나씩 오른쪽 호주머니로 옮겨 넣고 저녁에 자기 전에 그 숫자를 세보면 신기하게도 불평이 줄어들 것"이라는 매우 간단한 치료법을 일러주었다.

몸짱이 되고 싶은가? 일주일에 한 번씩 사진을 찍어 블로그에 변화과정을 보여주자. 웹서핑을 줄이고 싶으면 부모님 사진을 바탕화면으로 지정해 나를 감시하게 하고, 게임을 자제하고 싶다면 모래시계로 게임시간을 정해놓고 하자. 소비를 줄이고 싶다면 지출 일기를 작성하고 화내는 버릇을 고치고 싶다면 언제, 어디서, 몇 번이나 화냈는지 기록하자. 그리고 그 결과를 차트로 만들어 다른 사람이 볼 수 있게 붙여놓자. 결심을 지키고 싶다면 자신이 제대로 지키고 있는지 항상 감시하자. 그리고 그 결과를 누군가에게 알려주자.

그대에게 가장 중요한 눈은 누구의 눈인가? 그 눈을 통해 변화시키고 싶은 그대의 행동은 무엇인가?

Stop: 의식하지 못하고 무심결에 하기 때문에 결심한 것을 제대로 실천하지 못한 경험들을 찾아보자.

_____

_____

_____

_____

Think: 자기감찰기법(관찰과 기록)으로 변화시키고 싶은 습관 한 가지를 찾아보자.

_____

_____

_____

_____

Action: 변화를 유도하기 위해 관찰할 내용과 기록 방법 및 공개 방법도 적어보자.

_____

_____

_____

_____

운동량만 파악해도 건강이 좋아진다

운동이 스트레스와 건강 관리에 좋다는 것은 누구나 아는 사실이다. 그런데 자신의 운동량을 파악하는 것만으로도 건강이 좋아질 수 있을까? 2007년, 하버드 대학 에밀리아 크럼A. J. Crum과 엘렌 랑거Ellen J. Langer 교수는 기발한 실험을 통해 그것이 사실임을 증명했다. 이 실험에는 일곱 개 호텔 80명 이상의 종업원이 참여했다. 연구팀은 한 집단의 종업원들에게는 운동의 효과와 함께 하루 소비 칼로리(운동량)를 알려주었다. 자신의 운동량을 구체적으로 파악하도록 돕기 위해 종업원들이 하는 모든 활동과 각각의 운동량을 목록으로 만들어 나눠주고 휴게실 게시판에도 붙여 놓았다. 반면, 또 다른 집단에게는 이런 정보를 알려주지 않았다. 1개월이 지난 후 건강검진을 실시하고 실험 전의 검진결과와 비교했다. 놀랍게도 자신이 소비하는 칼로리를 알고 있는 집단은 몸무게, 체질량 지수 및 허리둘레가 줄고, 혈압과 스트레스도 낮아졌다. 하지만 대조집단에서는 이런 변화가 일어나지 않았다.

똑같은 일을 하면서도 무심코 하는 게 아니라 유심히 관찰하고 자신이 어떤 행동을 하고 있는지 제대로 의식하기만 해도 우리의 몸과 마음에는 변화가 일어난다. 평소 내가 무심코 하고 있는 일들 중 지금부터 유심히 관찰할 필요가 있는 일은 무엇인가?

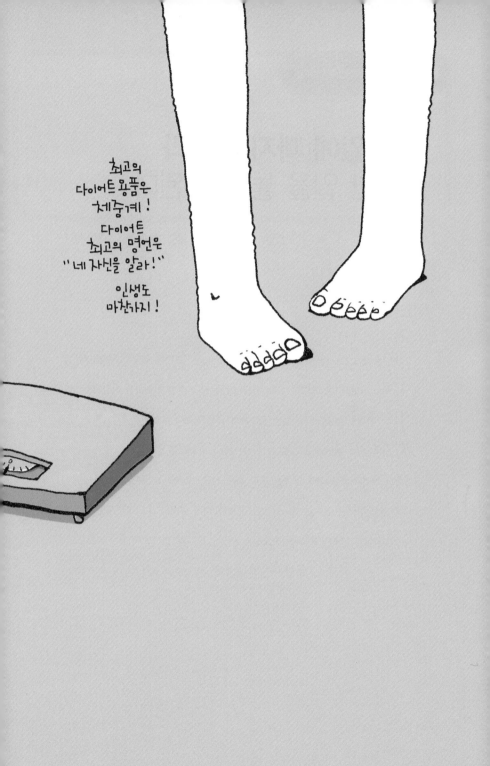

최고의
다이어트 용품은
체중계!

다이어트
최고의 명언은
"네 자신을 알라!"

인생도
마찬가지!

쉬운 일에 빠지지 말라
중요한 일을 놓치게 된다

부지런한 것만으로는 충분하지 않다. 개미 역시 부지런하다.
당신은 무엇 때문에 부지런한가?
– 제임스 서버

"놀만큼 놀았으니 이제 공부 좀 해볼까 했습니다. '그런데 뭐부터 시작하지? 우선 책상정리부터 좀 할까?' 하며 서랍정리를 하다 수첩 발견하고 이것저것 읽어보고, 책장에 눕혀져 있는 앨범 정리하려다 사진 보며 추억에 잠기고, 옛날 시험지 치우다 그 옆의 만화책 읽고, 물 마시려고 냉장고를 열었다가 이것저것 갖다 먹고, 쓰레기 버리려다 방 청소까지 하게 되고, 그러다 방 구조를 몽땅 바꿉니다. 결국 하려던 공부는 하나도 못하고 밤 12시가 넘어갑니다. 이렇게 본질은 뒷전이고 항상 변죽만 울리는 제 고질병, 원인이 도대체 뭘까요?"

–시험 전날까지 정리만 하다 공부는 하지 못한 대학교 2학년 남학생

책상정리는 공부하려고 하는 걸까
공부하기 싫어서 하는 걸까

중요한 일을 하기 위한 준비과정에서 연쇄적으로 다른 자질구레한 일들을 하는 바람에 정작 중요한 일이 뒷전으로 밀리는 경우가 많다. 사람들은 왜 곧바로 해야 할 일을 하지 않고 딴전을 피우게 될까? 가장 중요한 이유는 해야 할 일이 하기 싫기 때문이다. 하기 싫은 일을 피할 수 있는 가장 쉬운 방법은 하기 쉬우면서도 그 일과 조금이라도 관련이 되는 다른 일을 찾아내 하는 것이다. "공부를 제대로 하려면 책상정리를 해야 하니까"라고 중얼거리지만 그건 피상적인 이유이고 숨어 있는 동기는 바로 이런 것이다. '책상을 치우는 동안은 공부 안 해도 되겠지?'

독서클럽, 편의점 아르바이트, 영어학원, 과외지도, 동아리활동 등 동분서주하면서 누구보다 열심히 사는 것 같은데 왠지 허전하다고 호소하는 학생들이 많다. 시간이 많이 지나면 그들은 한숨을 쉬면서 이렇게 중얼거릴지도 모른다. "한평생 정말 열심히 살았는데 별로 해놓은 것이 없군. 이것이 진정 내 인생이란 말인가."

사람들은 진짜 중요하지만 하기 싫은 일(높은 수준의 생각을 요구하는 일)이 있을 때 단순한 일(낮은 수준의 생각을 요구하는 일)을 함으로써 스트레스를 회피하려고 하는 경향이 있는데 이를 '낮은 수준의 생각

전략Low-level Thinking Strategy'이라고 한다. 방 정리를 하면서 해야 할 공부를 미뤄두고 있는 학생들뿐 아니라 신문을 읽고 담소를 하거나 주소록을 정리하면서 정작 중요한 고객방문을 미루는 세일즈맨의 경우도 이에 해당한다.

주부들이 청소를 하거나 설거지를 하려고 마음먹는 순간 곧바로 툭 차고 일어나지 못하는 경우 역시 이 때문이다. 청소를 하기 전에 환기를 시키려고 창문을 연다. 그러자 길 건너 도로변에 노랗게 핀 개나리가 눈에 띈다. 고등학교 교정이 떠오른다. 동창친구가 생각나 전화번호를 뒤적인다. 통화 중이다. 전화기 옆 리모컨이 눈에 띈다. 한 프로만 봐야지……. 이렇게 창문 한 번 열었을 뿐인데 그 일이 이어지고 이어져 정작 하려던 청소는 손도 못 대고 하루가 다 지나간다.

누구나 싫은 일을 피하기 위해, 불안감을 떨쳐버리기 위해, 스스로를 안심시키기 위해, 별로 중요하지 않은 일을 열심히 했던 경험이 있을 것이다. 나 역시 가끔은 그렇다. 열심히 살고 있는데도 왠지 마음 한 구석이 허전하다면 자신에게 이렇게 질문을 던질 필요가 있다. "이 일을 하고 있는 이유는 무엇인가?" 만약 그럴듯한 이유(Good Reason)가 떠오른다면 다시 한 번 질문하자. "이 일을 하고 있는 진짜 이유(True Reason)는 무엇일까? 혹시 중요한 일이 하기 싫어서 중요하지 않은 일을 하는 건 아닐까?"

> 🖋 **중요하지 않은 일에 마음이 더 끌리는 세 가지 이유**
>
> ❶ **목표가 명확하지 않다**: 명확한 목표가 없으면 중요한 일과 중요하지 않은 일을 구분할 수 없다.
>
> ❷ **하기 쉽고 즐겁다**: 중요하지 않은 일도 나름대로 그럴듯한 의미를 갖고 있으며 대부분 하기 쉽고 즐거움도 있다.
>
> ❸ **이유를 제공해준다**: 중요한 일을 피하면서도 열심히 살고 있다고 자신을 변명할 수 있는 근거를 제공해준다.

앞서가는 사람은
워밍업 시간이 짧다

같은 일을 할 때도 미적거리면서 중요한 일을 뒤로 미루는 사람들은 스트레스에 대한 통제감이 낮다. 반면, 일을 할 때 곧바로 일을 시작하는 습관을 가진 사람들은 대체로 스트레스에 대한 통제감이 높다. 그들은 그 일을 잘할 수 있다고 믿으며 잘할 수 있는 노하우를 이미 체득하고 있거나 아니면 잘할 수 있는 방법을 배울 수 있다고 믿는다.

일을 곧바로 시작하는 사람들의 또 다른 특성은 정리 정돈을 잘한다는 것이다. 정리와 정돈은 비슷한 말 같지만 의미가 다르다. 필요 없는 것을 치우거나 버리는 것을 '정리整理'라고 하고 필요한 것을 사용하기 쉽게 배열하는 것을 '정돈整頓'이라고 한다. 공부를 잘하려면 공부와 관련되지 않은 것들은 정리해서 눈에 띄지 않게 치우고 공부에 필요한 책과 노트, 필기도구들은 적재적소에 놓아두어야 한다. 나는 가끔 주변을 둘러보면서 물건들에게 이렇게 물어본다. "네가 있어야 할 가장 좋은 곳은 어디니?" 그러면 그것들은 알아서 제자리를 찾아간다.

퇴근할 때는 그날 했던 일들에 대해 잠시 생각해보면서 책상을 깨끗하게 치운다. 그리고 다음날 해야 할 일이 무엇인지를 점검하고 일감을 책상 위에 올려놓는다. 이렇게 하면 몇 가지 좋은 점이 있다. 첫째, 그날 했던 일을 되돌아보면서 뿌듯한 마음으로 퇴근할 수 있다. 둘째, 그날뿐 아니라 다음날 해야 할 일에서 중요한 것을 놓칠 확률이 줄어든다. 셋째, 다음날 출근해서 곧바로 일을 시작할 수 있다. 공부나 업무를 할 때뿐 아니라 집에서 살림을 할 때도 일을 마치고 정리 정돈을 해놓게 되면 다음 일을 할 때 '툭' 치고 나가듯 곧바로 일을 시작할 수 있다.

"책상을 제대로 정리하지 않는 사람은 절대로 일을 잘할 수 없다." 자기계발 전문가 브라이언 트레이시Brian Tracy의 말이다. 나도

동의한다. 하지만 나는 한 가지를 덧붙이고 싶다. "책상을 정리하느라 정작 해야 할 중요한 일을 미뤄두는 사람은 절대로 크게 성공할 수 없다."

✒ 워밍업 시간 줄이기 3단계

- **Step1 : 숨은 동기 찾아보기** _ 일을 시작할 때 워밍업 시간이 길다면 잠깐 멈추고 이렇게 자문하자. "내가 피하고 있는 정말 중요한 일은 무엇인가?"

- **Step2 : 순서 바꿔 실천하기** _ 공부하기 전에 책상을 정리하고 싶다면 순서를 바꿔 공부하고 난 다음에 책상을 정리해보자. '전화하고 설거지하자'는 생각이 들면 '설거지하고 전화하자'로 바꿔보자.

- **Step3 : 미리 준비해두기** _ 중요한 일을 곧바로 시작할 수 없게 만드는 요인을 제거하자. 일이 끝나면 다음날 중요한 일을 곧바로 할 수 있도록 상황을 배치하자.

"저는 공부를 하려고 컴퓨터를 켰다가도 흥미로운 인터넷 기사를 보다 일을 못하는 습관이 있습니다. 하나를 읽다 보면 봐야 할 기사들이 꼬리에 꼬리를 물고 나타납니다. 교수님의 메일을 받고 문제의 근원을 찾아보니 인터넷 기본 페이지가 포털사이트로 지정되어 있기 때문이었습니다. 그래서 이를 막기 위해 바탕화면에 깔려 있는 쓸데없는 것을 모두 지우고, 인터넷 기본 페이지를 제가 취업하고 싶은 회사 홈페이지로 바꿔버렸습니다. 그랬더니 신기하게도 워밍업 시간이 대폭 줄었습니다."

한 취업 준비생이 보내온 경험담이다. 웹서핑으로 너무 많은 시간을 낭비한다면 바탕화면을 정리하고 기본 페이지를 반드시 이루고 싶은 꿈이나 중요한 일과 관련된 사이트의 주소로 바꿔놓자. 아침운동을 하고 싶다면 잠들기 전에 운동화나 운동복을 머리맡에 챙겨두자.

열심히 일하는 것과 생산적으로 일하는 것은 다르다

경영 컨설턴트 데니스 웨이틀리Denis Waitley는 이렇게 말했다. "실패자는 항상 긴장을 풀기 위한 일을 하고, 승리자는 목표를 성취하기 위한 일을 한다." 승리자는 남보다 일찍 출근해 장기적으로 봤을 때 성과를 올릴 수 있는 중요한 일부터 시작한다. 목표달성에 도움이 되는 책을 읽고 기술을 향상시키기 위해 공부하며 가치가 높은 일에 정신을 집중한다. 반면, 패자는 시간에 겨우 맞춰 출근하고 느긋하게 커피를 마시면서 신문을 읽거나 웹서핑을 하면서 동료들과 수다를 떠는 것으로 하루를 시작한다. 그들은 단기적으로 보면 즐거운 일이지만 장기적으로는 가치 없는 일부터 먼저 한다. 실패자는 항상 나중에 고통을 줄 수 있지만 지금 당장 즐거운 일로 분주하고 승자는 훗날 더 큰 만족을 줄 수 있지만 지금 당장은 고통스러운 일, 그래서 실패자들이 싫어하는 일을 먼저 한다.

내 연구실을 찾은 학생 한 명이 방학 중인데도 정신없이 바쁘게 지낸다고 하길래 도대체 무슨 일로 그렇게 바쁘냐고 물었다. 그는 운동도 하고 댄스교습소에서 춤도 가르치고 영어과외도 다섯 개씩이나 한다고 자랑스럽게 말했다. 과외를 그렇게 많이 하는 이유가 궁금해서 물었더니 그는 "돈을 벌기 위해서"라고 대답했다. 나는 다시 물었다. "참, 자네 지금 4학년인데, 지난번에 진로문제로 만나 뵙겠다는 그분은 찾아뵈었나?" 그러자 그는 "아직 찾아뵙지 못했습니다" 하며 뒤통수를 긁적였다. 그런 그에게 나는 이렇게 말해주었다. "누구나 가끔 정말 중요한 일을 피하기 위해 중요하지 않은 일을 만들어내서 열심히 할 때가 있다. 지금 너무 바쁘게 살고 있다면 간간히 하던 일을 멈추고 우리 자신에게 이렇게 자문해야 한다. '혹시 정말 중요한 일을 피하기 위해 이 일을 하고 있는 것은 아닐까?'" 얼마 후, 그 학생은 이런 메일을 보내왔다.

"그동안 저는 같은 나이대의 그 누구보다도 다양한 분야의 사람들을 만나면서 정말 열심히 살아왔습니다. 수능 이후로 완전히 재정적으로 독립을 이룬 제 자신에 대해 자랑스럽게 생각하고 있었습니다. 그런데 교수님의 말씀을 듣는 순간, 망치로 머리를 한 대 맞은 기분이었습니다. 그러면서 이런 생각들이 드는 것이었습니다. '아르바이트를 하는 것이 하기 힘든 공부를 피하기 위한 변명일 수도 있다.' '중요하지 않은 일에 빠져들다 보면 정작 중요한 일을 할 수 없게 된다.' 무엇보다 와닿은 부분은 바로 이것이었습니다. '중요한 일을 피하기 위해 일부러 불필요한 일들을 만들어내는 것은 아닌가?' 이번 일을 계기로 남보다 열심히 살아왔던 것이 중요한 일을 피하기 위한 나태함의 또 다른 변형이라는 중요한 사실을 깨달았습니다. 이제 일과 인간관계에서 필요 없는 것은 과감하게 정리하고 그 대신 장기적인 안목으로 제게 중요한 일을 찾고 제 진로를 준비하는 데 더 많은 시간을 쓰겠습니다. - 자칫 열심히만 살 뻔했던 제자 올림"

분주하지만 성과가 없다면 간간히 자문해보자. "나는 생산적으로 일하고 있는가? 아니면 단지 활동적으로 일하고 있을 뿐인가? 그대가 지금 하고 있는 낮은 수준의 쉬운 일은 무엇인가? 은근히 외면하고 있는 높은 수준의 하기 싫은 일은 무엇인가?"

Stop: 해야 한다고 생각하면서도 곧바로 시작하지 못하고 있는 중요한 일 한 가지를 찾아보자.

Think: 그 중요한 일을 피하기 위해 지금 하고 있는 중요하지 않은 일들을 찾아 보자.

Action: 당장 그만둬야 할 중요하지 않은 일을 찾아보고 당장 실천해야 할 중 요한 일 한 가지를 찾아보자.

실내복 하나 바꿨을 뿐인데 ·····································

어느 날, 프랑스 계몽주의 사상가 드니 디드로Denis Diderot에게 선물 하나가 도착했다. 아주 고급스러운 진홍색 실내복이었다. 문제는 그때부터였다. 서재에 서서히 변화가 일어나기 시작했다. 그동안 아무렇지도 않던 책상이 우아한 실내복과 대조가 되면서 왠지 낡고 초라하게 느껴졌다. 그래서 새것으로 바꾸었다. 시간이 좀 지나자 벽걸이가 촌스럽게 느껴져 새로 구입했다. 그러자 의자, 시계, 장롱, 책장 등 서재의 모든 것이 초라해 보이기 시작했다. 급기야 서재 전체를 바꾸게 되었고 바뀌지 않은 것은 자신밖에 없다는 것을 깨닫게 되었다.

이처럼 한 가지 물건을 새로 구입하면 그걸 둘러싼 다른 물건들도 그것과 어울리는 것으로 계속 교체하게 되는 것을 '디드로 효과Diderot Effect'라고 한다. 이는 소비 행동뿐 아니라 공부, 비즈니스, 인간관계 등 모든 상황에 적용될 수 있다. 실내복 하나 때문에 서재의 모든 것을 교체하느라 에너지를 낭비해서 정작 중요한 글을 쓰지 못하고 우울증에 시달린 디드로처럼 쓸데없는 일 하나를 하다 보면 그것과 관련된 다른 쓸데없는 일들을 연쇄적으로 하게 된다.

지금 내가 몰두하고 있는 쓸데없는 일은 무엇인가? 그 일로 인해 하지 못하고 있는 중요한 일은 무엇인가?

모든 가능성을

다 시험해봤다 할지라도

여전히 가능성은 남아있다.

3장

유지

Maintaining Habit

끝까지 포기하지 말라

더 넓게 규정하라
더 큰일을 하게 된다

사람들은 모두 자기 안에 수용소를 갖고 있다
– 빅터 프랭클

"'야, 김밥이나 팔고 있으니까 사람이 우습게 보여? 이게 도대체 사람을 뭘로 보고!' 술 취한 손님과 한바탕했습니다. 결국 경찰서까지 끌려갔습니다. 장사로 성공하려면 고객들에게 친절해야 한다는 거, 저라고 왜 모르겠습니까? '참을 인忍자 세 번이면 살인도 면한다'라는 말을 되새기면서 참으려고 하다가도 나이도 한참 어린놈이 계속 반말지거리로 속을 뒤집어, 참을 수가 없었습니다. 늦은 시간 편의점에는 종종 이런 일들이 벌어집니다."

– 손님과의 다툼으로 자괴감에 빠진 40대 편의점 경영주

김밥 한 줄을
팔더라도…

내게 메일을 보내온 이 편의점 경영주는 멱살잡이를 하게 된 이유를 고객이 자존심을 건드렸기 때문이라고 했다. 물론 맞는 말이다. 하지만 그건 부분적으로만 맞다. 그보다 더 중요한 이유가 있는데, 그것은 스스로를 '김밥이나 파는 사람'으로 규정했기 때문이다. 만약 그가 자신을 '편의점 체인 기업을 꿈꾸는 사업가'라고 규정했다면 똑같은 일을 겪고도 전혀 다른 태도를 보였을지 모른다. 훗날 훌륭한 기업가가 된 비결을 묻는 기자들의 질문에 답할 때 소개할 멋진 사례를 만났다고 오히려 취객들을 반겼을지도 모른다. 이렇게 기자회견 장면을 상상하면서 말이다.

"편의점을 하다 보면 가끔 자존심을 팍팍 긁는 짜증나는 고객들을 만나게 됩니다. 그럴 때마다 저는 그들의 기분을 누그러뜨릴 수 있는 남다른 방법들을 찾아내려고 애썼습니다. 그러자 그런 사람들이 오히려 단골손님이 되고 입소문을 내줘서 점점 더 매출이 늘어났습니다. 그분들이 저를 시험에 들게 하지 않았더라면 제가 이 자리까지 올 수는 없었을 것입니다. 모두 그분들의 덕택입니다."

김밥을 판다고 해서 우리 자신을 '김밥이나 팔고 있는 사람'으로 규정해서는 안 된다. 그 일을 하면서도 미래에 우리나라를 짊어질 어린 새싹들을 돌봐주는 멘토가 될 수도 있고, 편의점 아르바이트생들에게 비즈니스 노하우를 가르쳐주는 코치가 될 수도 있으며 지역주민들의 인생 카운슬러가 될 수도 있다. 생각의 범위를 넓혀 우리 자신을 더 넓게 규정하면 더 큰일을 하고 얼마든지 다른 삶을 살 수 있다.

우리의 생각은 행동을 결정하고, 우리의 행동은 운명을 결정한다. 이처럼 자신에 대한 규정이 행동을 결정하고 나아가 운명까지 결정하는 것을 '자기규정 효과Self-Definition Effect'라고 한다. '나는 이런 사람이다'라고 스스로를 규정하게 되면 정말 그런 사람처럼 행동한다. 그리하여 결과적으로 그런 사람이 된다. 창의성 분야의 대가인 로저본 외흐Roger von Oech는 그의 저서 《생각의 혁명》에서 창조적인 사람의 특징을 한 마디로 이렇게 정의하고 있다. "창조적인 사람들은 스스로 창조적이라고 규정하고 있다." 실제로 창의성에 영향을 미치는 요인들을 찾아내기 위해 성장과정에서부터 교육배경에 이르기까지 수많은 요인들을 조사한 결과, 차이는 딱 한 가지였다. "창조적인 사람은 스스로 창조적이라 생각하고 그렇지 못한 사람들은 자신이 창조적이라고 생각하지 않는다."

학기 초가 되면 나는 학생들에게 과목의 내용을 설명하고 난 다음 각자 자기소개할 시간을 갖는다. 그들의 자기소개는 대개 이런 식이다. "심리학과 3학년 ○○○입니다. 잘 부탁합니다." "이번에 전자공학과에 입학한 신입생 ○○○입니다. 심리학을 복수전공하고 있습니다. 친하게 지냈으면 좋겠습니다." 자기소개가 끝나면 나는 학생들에게 이렇게 제안한다. "여러분 자신을 너무 좁게 정의하지 마십시오. 예를 들면 이런 식으로 좀더 넓게 규정해보면 어떨까요? 나는 세상의 모든 어린이들이 꿈을 찾고, 아무리 힘든 일이 있어도 절대 포기하지 않게 해주는 그런 만화가가 되기 위해 심리학을 공부하고 있는 ○○○입니다."

만약 이런 식으로 자신을 좀더 넓게 규정한다면 그들에게 어떤 일이 일어날까? 강의실에서 시선과 표정이 달라질 것이다. 대출하는 책과 인터넷 검색어가 달라질 것이다. 일상의 복장과 말투가 달라질 것이고 즐겨보는 신문이나 방송이 달라질 것이다. 그리하여 5년, 10년이 지나면 자기를 좁게 규정하면서 살고 있는 사람들과 완전히 다른 삶을 살게 될 것이다.

다르게 규정하면
다른 세계가 보인다

청소부 앤디는 항상 남보다 일찍 나와 청소를 했다. 그러면서 틈틈이 독학으로 모스 부호를 공부했다. 어느 날 전보교환원들이 모두 자리를 비운 시간에 전보 하나가 들어왔다. 당시 규칙은 교환원 이외에는 장비를 건드리지 못하게 되어 있었다. 하지만 앤디는 전보를 받고 싶어 안달이 나 처벌 위험을 감수하고 전보를 받았다. 사장은 그를 해고하기는커녕 교환원이 없을 때 전보를 받을 수 있게 해주었다. 그 후 그는 철도회사 전신원으로 스카우트되었다. 전신원이었던 앤디는 여기서도 독학으로 철도 운영과정을 공부했다. 어느 날, 출근 직후 열차 탈선사고가 발생했다. 책임자와 연락이 되지 않자 그는 해고와 감옥행을 각오하고 철로노선 변경을 전보로 지시해 사고를 수습했다. 그가 바로 '철강왕'이라고 불리는 앤드류 카네기Andrew Carnegie다. 더 큰일을 하고 싶다면 우리 자신을 더 넓게 규정해야 한다.

개인뿐 아니라 기업도 자신을 너무 편협하게 규정하면 혹독한 대가를 치르게 된다. 노키아와 아그파는 둘 다 역사가 100년이 넘는 기업이다. 그러나 한 회사는 여전히 승승장구하고 있고 한 회사는 파산했다. 세계 휴대폰 시장 점유율 1위를 자랑하는 노키아는 원래 목재가공 회사였지만 1990년대 중반부터 IT 분야로 핵심사업을 재정의했다. 반면 아그파는 사업범위를 아날로그 필름에 한정했고 창업 140년만인 2005년에 파산했다. 폴라로이드는 디지털 시대의 도래를 먼저 인지했지만 자사 기술에 대한 자만심과 협소한 사업규정으로 처절하게 실패했다. 1975년 시어도어 레빗Theodore Levitt은 〈하버드 비즈니스 리뷰〉에 '근시안적 마케팅Marketting Myopia'이라는 제목의 논문에서 이렇게 쓰고 있다. "철도회사들의 성장이 멈춘 것은 승객과 화물의 운송 수요가 감소했기 때문이 아니다. 그들은 스스로를 운송업체가 아니라 철도업체라고 제한해서 규정했기 때문이다."

애플은 컴퓨터 사업에서 다진 디자인과 소프트웨어 기술을 기반으로 핵심사업을 재정의해 획기적인 디지털 신제품 아이팟을 출시하고 휴대폰 시장의 패러다임을 바꿔버린 아이폰을 내놓았다. 최근에는 회사 이름에서 아예 컴퓨터란 말을 빼고 컴퓨터 회사라는 기존의 이미지를 완전히 바꿔버렸다. 그들은 자신들의 사업을 재규정해서 도산의 위기를 도약의 기회로 만들었다.

그대 이름을 가만히 불러보라
○○○, 당신은 누구인가?

있는지조차 의식하지 못해도 우리의 머릿속에는 뭔가가 박혀 있다. '김밥이나 파는 장사꾼' '봉급쟁이' '내가 어떻게' '이 나이에' 식의 부정적 자기규정은 존재 자체를 인식하지 못해도 우리의 정신 속에 깊이 박혀 있어 알게 모르게 우리의 행동 전반에 영향을 미친다.

사람들은 모두 '나는 ~한 사람'이라는 자아이미지를 갖고 있으며 이와 일치하는 증거를 찾고 거기에 맞춰 행동하려는 강한 욕구를 지니는데 이를 '자아일관성의 원리Principle of Self-consistency'라고 한다. 이 분야의 탁월한 선구자 프레스코트 레키Prescott Lecky 박사는 자아일관성의 위력을 이렇게 설명하고 있다. "사람들은 무의식중에도 자신의 말과 행동을 자아이미지와 일치시켜야 도덕적이라고 생각한다."

우울증으로 나와 상담을 하게 된 내담자 한 명은 어쩌다 기분 좋은 일이 있어 즐거워지면 왠지 모르게 죄책감이 든다고 말했다. 왜 우울증에서 벗어나고 싶다면서 유쾌한 상태를 받아들이지 못하는 것일까? 자기가 생각하는 자신의 모습과 불일치한 기분을 느끼면 모순이 느껴지고 마음이 불편하기 때문이다. 사람들은 우울증에서 벗어나지 못하니까 우울증이라고 말하지만 사실은 자신이 우울증 환자라고 생각하기 때문에 우울증에서 벗어나지 못하는 경우가 훨씬 더 많다.

1863년 1월 1일, 링컨 대통령이 노예해방을 선언했을 때 자유를 찾아 떠날 것이라는 예상과는 달리 대부분의 노예들은 예전처럼 주인을 받들고 살아가기를 선택했다. 그렇게 갈구하던 자유가 주어졌는데 왜 그랬을까? 그들은 그렇게 사는 것이 팔자라고 머릿속에 울타리를 치고 살았기 때문이다. 애니메이션 〈치킨 런〉의 주인공인 암탉 진저는 탈출을 포기하고 열심히 알이나 낳자고 하는 닭들에게 이렇게 외친다. "여러분의 문제가 뭔지 아세요? 양계장의 울타리가 눈앞에만 있는 것이 아니라 여러분의 머릿속에도 있다는 거예요!"

프레스코트 레키 박사는 성공과 실패는 자아개념에 달려 있다는 사실을 실험을 통해 확인했다. 그는 장기간의 연구를 통해 학업실패자들이 마음속으로 이렇게 중얼거리는 습관이 있다는 사실을 확인했다. "나는 멍청이인가 봐" "나는 원래 철자에 약해" "난 수학 개념이 부족해." 심리학자 콜린스 J.L. Collins 역시 학생들의 수학 성적은 수학적 자질보다 그에 대한 믿음이 더 크게 좌우한다는 사실을 실험으로 확인했다. 수학 능력이 동등하더라도 '수학을 잘할 수 있다'는 믿음을 갖고 있는 학생은 그렇지 못한 학생들에 비해 시간이 갈수록 현저하게 수학 성적이 높아진다는 사실을 발견한 것이다. 그러므로 '나는 수학적인 머리가 없다'고 자기를 규정하면 틀림없이 수학을 못하게 된다.

지금과는 다른 모습으로 살고 싶다면 그냥 자신을 원하는 모습의 사람으로 규정해버리면 된다. 책을 많이 읽고 싶은가? 그렇다면 '책을 많이 읽고 싶다'고 소망하는 대신, '나는 일주일에 책을 1권 이상 읽는 사람이다'라고 명확하게 자신을 규정하자. 실천을 잘하고 싶다면 자신이 '의지박약자'라는 생각을 머릿속에서 털어내고 나는 '결심을 하면 반드시 실천하는 사람'이라고 단호하게 규정하면 된다. 아이디어맨이 되고 싶은가? 그러면 그냥 '나는 무슨 일을 하든 남다른 아이디어를 하나씩 떠올리는 사람'으로 규정하자. 그러면 자기규정이 우리를 그쪽으로 이끌고 간다. '나는 _____이다'라고 생각할 때, '나는' 이후에 따라 나오는 '자기를 규정하는 말'은 강력한 힘으로 그것과 일치하는 증거를 수집하고, 우리 자신을 그쪽으로 몰고 간다. 그래서 결국 우리는 그런 사람이 된다.

> ✐ **변화를 위한 자기규정 3단계**
>
> • **Step1** : 실천에 옮기지 못하고 있는 결심 한 가지를 찾아본다.
> • **Step2** : 실천을 가로막는 걸림돌이 되는 자기규정을 찾아낸다.
> • **Step3** : 변화에 디딤돌이 될 수 있는 자기규정으로 바꾼다.

사람들이 우리를 대하는 방식은 우리가 실제로 어떤 사람인지보다 그들이 우리를 어떻게 규정하는가에 의해 전적으로 영향을 받는다. 마찬가지로 우리의 태도나 행동 역시 우리 자신을 어떻게 규정하느냐에 의해 결정된다. 우리의 인식이 맞든 틀리든 우리 모두는 자신의 믿음과 일치하는 방식으로 행동하기 때문이다. '나는 원래 아침형 인간이 아니다'라고 규정하면 남보다 일찍 출근하는 것은 영원히 불가능하다. 일찍 일어나지 못하는 것은 게으르기 때문이 아니다. 의지가 박약하기 때문도 아니다. 자신을 '일찍 일어나지 못하는 사람'으로 규정했기 때문이다. 그러므로 지금까지와 다른 삶을 살고 싶다면 이전과는 다르게 자신을 규정해야 한다.

더 큰일을 하고 싶다면 우리 자신을 더 큰 존재로 규정해야 한다. 오래전에 세네카는 이렇게 말했다. "우리가 어떤 일을 감히 하지 못하는 것은 그 일이 너무 어렵기 때문이 아니라, 어렵다는 생각에 사로잡혀 그 일을 시도하지 않기 때문이다."

지금까지와는 전혀 다른 사람이 되고 싶다면 먼저 자신을 다르게 규정해야만 한다. 자신을 새롭게 규정하게 되면 우리의 행동은 그 새로운 아이덴티티Identity를 뒷받침하기 위해 자동적으로 달라지기 때문이다. 다음은 자신을 더 크게 규정하고 난 다음에 삶의 목표와 태도가 완전히 달라졌다는 대학원생이 보내온 메일 내용이다.

"언젠가 교수님과 대화할 때 '제가 원래 ○○한 성향을 가지고 있거든요' 라고 말한 적이 있었습니다. 그때 교수님께서 '그렇게 낙인찍지 말고!' 라고 말씀하셨습니다. 그 말씀을 듣고 저는 마치 망치로 머리를 얻어맞은 것 같았습니다. 생각해보니, 저에게는 항상 스스로를 '○○한 사람'으로 한계를 짓는 버릇이 있었습니다. 대학원에서 발표를 하면서 강의가 정말 내 적성에 잘 맞는다고 생각했는데, 스스로 '교수라는 직업을 가질 수 없는 사람'으로 규정하고 상담사로 만족했습니다. 하지만 내 안의 가능성을 짚어주신 교수님을 만나면서 '나라고 왜 안 돼?' 라는 생각이 들었고 교수가 되겠다고 공개선언을 하게 되었습니다. 그걸 보신 교수님께서 간간히 반농담식으로 'ㅇㅇㅇ 교수'라고 불러주실 때마다 내게 1천만 킬로미터 밖에 있던 '교수'라는 직업이 1미터씩 가깝게 느껴집니다. 실패할 수도 있습니다. 하지만 꿈도 꾸지 않는다는 것은 절대로 용납할 수 없습니다."

아무리 노력해도 행동이 바뀌지 않는다면 행동을 바꾸려는 대신 자기 이미지를 다시 정의해야 한다. 자기규정이 달라지면 행동은 저절로 바뀌기 마련이다. 어떤 사람도 생각 이상의 높은 곳에 오를 수는 없다. 생각만큼 성취를 제한하는 것도 없으며 생각만큼 가능성을 높여주는 것도 없다. 더 큰일을 하고 싶다면 자신을 더 크게 규정하고, 더 높은 곳에 오르고 싶으면 자신을 더 높은 곳에 데려다 놓아야 한다. 나의 운명은 내 생각이 만들고 나에게 기회를 부여하는 첫 번째 사람은 나 자신임을 명심하자. 자신의 이름을 가만히 불러보라. 그리고 이렇게 자문하라. "ㅇㅇㅇ, 나는 누구인가? 지금까지 어떤 사람이었는가? 이제 어떤 사람인가?"

나는 원래 _____ 사람이었다.

나는 이제 _____ 사람이다.

Stop: 실천에 옮기지 못하고 있는 결심이나 일찌감치 포기했던 꿈 한 가지를 찾아보자.

Think: 실천을 가로막거나 꿈을 포기하게 만든 머릿속의 울타리를 찾아보자.

Action: 결심을 실천하게 만들고 꿈을 이루는 데 디딤돌이 될 수 있도록 자신을 새롭게 규정해보자. 그리고 새롭게 만들어진 자기 규정과 일치하는 작은 일 한 가지를 찾아 행동으로 옮겨보자.

그때부터 제 인생이 완전히 달라졌어요

내 생애 최고의 심리치료는 내가 뉴욕 오번 교도소 심리학자로 근무할 때 이루어졌다. 어느 날, 죄수 한 명이 출옥하기 전에 꼭 감사 인사를 해야겠다면서 나를 찾아왔다. 그는 2년 전 나와 면담한 후 모든 게 달라졌다고 말했다. "그때부터 저는 교도소에서 공부를 시작해 고교과정을 마치고 제도사 자격증을 받았습니다. 교회에 나가고 가족에게 처음으로 편지를 썼습니다. 교도소를 나가면 반드시 대학에 진학할 겁니다. 제 인생을 바꿔준 선생님께 진심으로 감사드립니다." 그런데 면담기록부와 머릿속을 아무리 뒤져봐도 IQ 검사 외에 그에게 특별히 상담을 한 적이 없었다. 내가 의아해하자, 그는 단호하게 말했다. "선생님이 틀림없습니다. 선생님께서 제 IQ가 높다고 말씀하셨어요. 그 말을 듣고 나서 제가 왜 친구들보다 십자말풀이를 더 잘했는지, 왜 체스를 좋아하고, 왜 재즈보다 교향곡을 더 좋아했는지 알게 됐거든요." 그는 내가 했던 말 한 마디로 자신과 세상에 대한 태도가 완전히 달라졌다고 말했다.

이 이야기는 심리치료의 대가 레이먼드 코르시니가 그의 책, 《현대 심리치료》의 서문에 적은 이야기이다. 누군가의 말 한마디가 내 인생의 터닝포인트로 작동했던 적이 있었는가? 그는 누구이고 내게 어떤 말을 했으며 그로 인해 나는 어떻게 달라졌는가?

꿈-

인생의
창고를
미리 지어놓은
사람은
창고보다
더 큰 꿈은
담을 수
없는 법

'No'라고 말해보라
'Yes'가 쉬워진다

변명을 늘어놓지 않고 저녁 초대를 거절할 수 있는 사람은 진정 자유로운 사람이다
– 쥘르 레나드

"저는 다른 사람들의 부탁을 거절하지 못하는 병이 있습니다. 중증입니다. 잡상인한테 말려들어 필요 없는 책을 사고 텔레마케터의 전화를 끊지 못해 10여 분 이상 진땀을 빼고, 버스정류장에서는 사이비 종교인한테 붙잡혀 약속에 늦은 적도 있습니다. 친구의 메신저를 거절 못해 시험을 망친 적도 있고, 술을 못 마시는데도 누가 권하면 마지못해 마시고 다음날 죽도록 고생합니다. 싫을 때도 남자친구의 스킨십을 거절하지 못하고 어쩌다 거절하면 그 친구에게 미안한 마음을 감당하기가 더 어렵습니다. 돌이켜보면 다이어트를 중도에 포기했던 것도 누가 뭘 먹자고 할 때 거절하지 못했기 때문이었습니다. 이렇게 못난 제 자신이 너무나 싫습니다. "

– 착한 사람 콤플렉스 때문에 거절을 못해 괴로운 20대 회사원

싫은데 왜 싫다고
말하지 못하는 걸까?

결심을 중도에서 포기한 사람들, 그래서 원하는 것을 얻지 못하는 사람들, 그들에게는 한 가지 공통점이 있다. 원치 않는 요청을 현명하게 거절하지 못한다는 것이다. 그래서 이들은 진정으로 원하는 일, 정말 중요한 일에 투자할 시간과 에너지가 늘 부족하다. 한 취업정보 사이트에서 직장인 1,112명에게 실시한 "거절을 요령껏 잘하는 편인가?"를 묻는 설문조사 결과, 그중 51퍼센트가 "그렇지 않다"고 응답해 거절에 대한 어려움을 느끼는 사람이 매우 많음을 알려준다.

상담을 하다 보면 원치 않는 요청을 거절하지 못해 중요한 일을 못한다고 호소하는 사람들을 많이 만난다. 인간관계에서 상대방에 대한 배려만큼 중요한 건 없다. 하지만 살아가는 데 배려 못지않게 중요한 것은 자신의 입장을 주장할 수 있는 용기다.

왜 거절할 수 있는 용기가 필요할까? 첫째, 원치 않은 부탁을 거절하지 못하면 정작 중요한 일에 투자할 수 있는 시간과 에너지가 그만큼 줄어들어 후회할 일이 많아지고 중요한 일을 제대로 할 수 없다. 둘째, 상대방에 대한 배려 때문이라고 생각하지만 거절을 못해 마지못해 부탁을 들어주게 되면 자기도 모르게 부탁한 사람에 대해

화가 나기 때문에 장기적으로 보면 오히려 인간관계가 나빠진다. 셋째, 원치 않는 부탁을 어쩔 수 없이 모두 들어주다 보면 스트레스를 받으며 다른 사람들에 의해 휘둘린다는 생각 때문에 자신감을 잃고 우울증을 겪게 된다. 코미디언 빌 코스비Bill Cosby는 이렇게 말했다. "나는 성공의 비결은 모른다. 하지만 실패의 비결은 안다. 그것은 모든 사람을 기쁘게 하려고 노력하는 것이다."

혹시 주변에 무례한 태도를 보이거나 무리한 요구를 해오는 사람들이 유독 많다면 이렇게 자문해보아야 한다. "나를 그렇게 대하도록 내가 그들을 부추기고 있는 것은 아닐까?" 사람들이 우리를 어떤 식으로 대하든 그 책임의 일부는 분명 우리 자신에게 있다. 그러므로 다른 사람들이 우리를 다르게 대접해주길 원한다면 자신이 먼저 달라져야 한다. 배려심 때문에 거절을 못한다는 사람들의 마음을 깊이 들여다보면 상대방에 대한 '배려' 때문이 아니라 거절할 수 있는 '용기'가 부족하기 때문인 경우가 많다. 거절을 잘 못하는 사람들은 몇 가지 특성이 있다.

첫째, 사랑받고 싶은 욕구와 거부에 대한 두려움이 강하다. 배려가 아니라 사실은 다른 사람들로부터 거부당하는 것이 두렵고 인정과 사랑을 받고 싶기 때문에 울며 겨자 먹기로 돈을 빌려주거나 부탁을 들어주고 전천후 천사가 되어 하기 싫은 일을 해주는 사람들이 많다. 상대를 기쁘게 해서 사랑받고 싶은 욕구와 거절했을 때 사람들로부터 따돌림당할지도 모른다는 두려움은 거절을 지시하는 대뇌 회로를 차단시킨다.

둘째, 스스로 중요한 사람이라고 믿고 싶어하는 경향이 강하다. 이들은 자신이 중요한 사람임을 확인하고 싶기 때문에 이런저런 부탁이나 초대를 거절하지 못한다. 하지만 우리가 요청을 거절해도, 모임에 참석하지 않아도, 사람들은 우리가 걱정하는 것보다 잘 지내며, 모임 역시 아무 일 없이 잘 돌아간다. 그러니 우리 자신이 너무 중요한 위치에 있다고 착각하지 말자. 지나친 사명감을 갖고 모든 자리를 빛내려고 하지도 말자.

셋째, 우유부단하고 목표 없이 살아갈 가능성이 높다. 마음속으로 열렬하게 'Yes!'라고 말할 수 있는 것이 있다면 무의미한 일에 단호하게 'No!'라고 말할 수 있다. 절실하게 원하는 것이 있는 사람은 그 일과 무관한 일을 과감하게 외면할 수 있다. 꼭 써야 할 글이 있다면 골프제안을 거절하는 것이 쉽고, 반드시 마쳐야 할 중요한 일이 있다면 저녁 약속의 취소는 그리 어려운 일이 아니다. 그러므로 끊임없이 이런 저런 요청에 휘둘리고 있다면 그건 자신이 추구하고 있는 진짜 중요한 목표가 없기 때문이다.

'No'를 잘해야
'Yes'가 늘어난다

항상 바쁘다고 아우성이면서도 제대로 해놓은 일이 없는 사람들의 공통점은 부당한 요청을 적절하게 거절하지 못한다는 것이다. 반면 뭔가 남다른 업적을 이룬 사람들은 다르다. 그들은 다른 사람들의 불필요한 부탁을 현명하게 거절할 줄 안다. 자신이 중요하다고 생각하는 일에 방해가 되는 일은 단호하게 거절할 줄 안다. 그들에게는 몇 가지 특성이 있다.

첫째, 거절을 못 하는 숨은 이유를 알고 있다. 그들은 거절을 못 하는 것이 인정받고 싶은 욕구와 거부에 대한 두려움 때문임을 알고 있다. 그러니 지혜롭게 거절하고 싶다면 먼저 거절하지 못하는 진짜 이유가 무엇인지 찾아봐야 한다.

둘째, 스스로 선택하고 책임을 진다. 언젠가 동료 교수 중 한 명이 이렇게 물었다. "내키지 않은 모임에 마지못해 참석하고, 더 중요한 일이 있는데도 어쩔 수 없이 원고청탁을 수락하고, 수업준비를 해야 하는데 방송출연 제의를 거절하지 못합니다. 그럴 때 거절을 잘할 수 있는 비결이 없을까요?" 그래서 나는 이렇게 반문했다. "생각보다 세상은 우리를 중요하게 생각하지 않는다는 사실을 받아들이고, 자신의 선택에 책임질 각오를 하면 되지 않을까요?" 내가 선택하고 책임진다고 각오하면, 결단은 쉬워진다.

셋째, 열렬히 원하는 것을 갖고 있다. 거절을 잘 못 한다면 그건 아직 열렬히 원하는 것이 없다는 증거이다. 독자 중 한 명이 이런 메일을 보내왔다. "교수님, 가출한 아이를 어렵게 찾아 집으로 데리고 온 뒤에야 가족과 함께 보내는 것이 얼마나 중요한지 깨달았습니다. 그것을 깨닫고 난 후로는 희한하게도 어김없이 생겼던 주말 약속이 거짓말처럼 사라졌어요. 더 중요한 일을 찾아냈기 때문에 이젠 약속을 쉽게 거절할 수 있습니다."

어떤 삶을 살고 싶은지 목표가 명확하지 않으면 거절해야 할 상황에 마주칠 때마다 감정적 동요를 겪게 되어 힘들어진다. 반면, 목표가 명확한 사람은 다른 사람들의 요청에 휘둘리지 않고 단호하게 유혹을 물리칠 수 있다.

No!
그 한 마디를 못해서…

어떤 강연에서 원하지 않는 요청을 단호하게 거부할 수 있는 용기가 인생의 성패에 얼마나 중요한지를 강조했더니, 그 자리에 참석했던 한 주부가 이런 내용의 메일을 보내왔다. "지금 생각해보니 제가 문제투성이 남편과 평생 힘들게 살고 있는 이유가 문제를 예상했으면서도 그의 집요한 구애에 단호하게 'No'라고 말하지 못했기 때문이었습니다." 원하는 것을 얻고 행복한 삶을 살고 싶다면 거절해야 할 때 "No!"라고 말할 수 있는 법을 배우자. 싫은 일을 "싫다"고 말할 수 있어야 좋은 일에 "좋다"고 말할 수 있고 제대로 거절할 수 있어야 제대로 선택할 수 있다.

그런데, 거절해야 할 때는 다음의 몇 가지를 유의해야 한다.

첫째, 짧고 분명하게 거절하자. 원치 않는 상품을 권하면서 우리를 방해하는 사람이 나타나면 일단 눈을 맞추지 말고 "죄송하지만 관심이 없습니다"라고 딱 잘라 말하면 된다. 예고 없는 방문이나 부당한 요청을 거절할 때조차 이유를 대야 한다고 생각하는 사람들이 많지만 우리에겐 싫을 때 이유를 대지 않고 "싫다"고 말할 권리가 있다. 하지만 잘 아는 사람의 요청을 거절할 때는 거절할 수밖에 없는 이유를 명확하게 밝히는 게 좋다. 거절했는데도 다시 요청할 가능성이 있다면 대비책을 사전에 마련해두어야 한다. 거절을 해도 집요하게 부탁을 반복하는 사람이 있다면 우리도 고장난 레코드처럼 똑같이 거절을 반복하면 된다. 그러나 이때 흥분해서는 안 된다. 정중하면서도 침착한 태도와 냉정한 목소리를 유지해야 한다. 상대를 무시하거나 화나게 하는 것이 우리의 목적이 아님을 명심하자.

둘째, 여운을 남기지 말자. 정말 들어줄 수 없는 부탁이라면 "생각

✏ 죄책감 없이 "No!"라고 말할 수 있는 10가지 권리

❶ 내 행동을 주도적으로 결정하고 책임질 권리가 있다.

❷ 내 판단에 대해 설명하거나 변명하지 않을 권리가 있다.

❸ 누군가에게 도움을 제공할지 여부를 스스로 판단할 권리가 있다.

❹ 생각이 달라지면 언제든지 약속을 철회할 권리가 있다.

❺ 매사 완벽할 필요가 없으며, 때때로 실수할 권리가 있다.

❻ 모르는 것에 대해 "나는 모른다"고 말할 권리가 있다.

❼ 상대방이 제공한 호의와 상관없이 행동할 권리가 있다.

❽ 비합리적이거나 즉흥적으로 결정할 권리가 있다.

❾ 시간이 남아돌아도 "바쁘다"고 말할 수 있는 권리가 있다.

❿ 싫은 일에는 단호하게 "관심이 없다"고 말할 권리가 있다.

해볼게요" 등으로 여운을 남기지 말아야 한다. "지금 바쁘니 나중에!" 등으로 미련을 갖게 하면 상대방은 혹시나 하는 마음에 더 집요하게 요청할 가능성이 높다. 어쩌면 들어줄지도 모른다는 희망을 주면 상대는 그것만 기다리다 시간을 낭비하고 다른 기회를 놓칠 수도 있다. 신속하고 분명한 거절은 우리 자신뿐 아니라 상대에게도 도움이 된다.

셋째, 정중하게 거절하되 지나친 죄책감을 갖지는 말자. 우리가 하는 거절은 요청에 대한 거절이지, 요청한 사람에 대한 거부가 아니다. 침착한 어조로 정중하게 거절하자. 거절에 지나친 죄책감을 가질 필요는 없다. 그리고 상대방이 자유롭게 요청하기를 선택했듯이 우리 역시 자유롭게 거절을 선택할 수 있다. 또 의외로 많은 사람들이 거절당하고 난 뒤에 우리가 생각하는 것처럼 상처받기보다는 '당연히 어떤 사람은 해주고, 어떤 사람은 안 해줘. 그럴 수도 있지!'라고 대수롭지 않게 생각한다. 실제로 거절당했을 때 어떤 느낌이 드는지를 묻는 한 조사에서 무려 65.9퍼센트가 "그럴 수도 있다고 생각한다"라고 답했다.

우리가 못난 사람이기 때문에 원치 않는 부탁을 들어주고 후회하는 것은 아니다. 심약한 사람이기 때문에 다른 사람의 요청에 휘둘리는 것도 아니다. 타인을 배려하는 따뜻한 마음이 앞서기 때문이며, 효과적으로 거절할 수 있는 방법을 배우고 연습하지 않았기 때문이다. 무엇이든 제대로 하려면 배우고 연습해야 한다. 훈련되지 않은 행동은 예기치 않은 재앙을 불러올 수 있다. 딱 하루만이라도 실험의 날을 정해 해고당할 정도가 아닌 모든 요청에 거절을 연습해보자. 가장 효과적으로 거절할 수 있는 방법이 무엇인지 직접 찾아보자. 상대가 이유를 묻거든 굳이 변명하려 들지 말고 "죄송합니다. 그냥 그렇게 하고 싶습니다"라고 솔직히 말해보자.

다음은 '거절하는 방법'에 대한 강의를 들은 한 학생이 내게 보내온 메일 내용이다.

"저는 자취를 하고 있는데 갑자기 오겠다는 친구들을 거절하지 못해 속으로 꿍꿍 앓은 적이 많았습니다. 기분 나빠할까 봐 거절하지 못하면 결과적으로 그 친구와도 사이가 나빠질 수 있다는 사실을 깨닫고 연습을 해보기로 했습니다. 마침 며칠 전에 집에 오겠다는 친구와 PC방에 같이 가자는 친구에게 '미안하지만 오늘은 일이 있어 안 되겠다'고 부드럽지만 단호하게 말했습니다. 친구들에게 욕먹을 각오를 했더니 생각보다 거절하기가 쉬웠습니다. 그 친구가 저를 싫어할 줄 알았는데 오히려 제가 거절해줘서 그날 자기도 공부를 더 많이 할 수 있었다고 반갑게 대하면서 고맙다고 말했습니다."

꼭 들어줘야 할 부탁이라면 얼른 수락하고 자신의 선택에 끝까지 책임을 지자. 하지만 부당한 요청을 받거나 들어줄 수 있는 상황이 아니라면 분명히 의사표현을 하고 그 결과에 책임을 지자. 부당한 요청을 거절하는 데 남다른 재주가 있다고 생각되는 내 주변의 어떤 사람에게 그 비결을 물었더니 그는 이렇게 한 마디로 정리했다. "선택과 포기를 명확하게 하고, 자신의 선택에 책임을 진다고 생각하면 생각보다 쉽게 거절할 수 있다. 거절을 못 하는 것은 자신의 결정에 책임지기 싫기 때문인 경우가 많다."

무의미한 요청에 "No"라고 말할 수 없다면 정말 의미 있는 일을 할 수 있는 시간은 늘 부족할 수밖에 없다. 시간관리 전문가 맥더글 M. C. McDougle은 이렇게 말했다. "자신을 시간낭비로부터 보호하는 가장 성공적인 방법은 'No'라고 말하는 것이다."

그대의 실행력을 방해하는 사람들의 부당한 요청이나 유혹은 무엇이고, 그것을 지혜롭게 뿌리칠 수 있는 그대만의 해결책은 무엇인가?

Stop: 거절을 못해 나중에 후회했던 일 한 가지를 찾아보자. 그 부탁을 거절하지 못한 이유는 무엇인가?

_____

_____

_____

_____

Think: 해야 할 중요한 일을 방해하는 부당한 요청이나 들어주지 않아도 될 부탁들을 찾아보자.

_____

_____

_____

_____

Action: 그 부탁을 효과적으로 거절할 수 있는 거절 시나리오를 만들어보고 행동으로 옮겨보자.

_____

_____

_____

_____

오빠 한번 믿어봐! ·······································

　　　　　　　　　　　　　　어느 정도 진도가 나갔다 싶은 어느 늦은 밤,
남자들이 여자에게 날리는 다소 유치하지만 전설처럼 전해오는 단골멘트가 있다.
"오빠 믿지?" 혼자 있을 땐 고개를 절레절레 흔들면서 이런 유치한 말은 절대 안 믿
는다고 장담하던 여자나, 절대 딴 생각을 하지 않겠다고 스스로 맹세했던 남자도 막
상 실제 상황에서는 쉽게 무너지는 경우가 많다. 한 심리학 실험에서 한 집단의 남
자들에게는 성적흥분을 유발하는 동영상을 보여주고 여자친구와 진한 스킨십을 나
누는 장면을 상상하게 했다. 그리고 결정적인 순간에 여자친구가 "그만!" 하고 외친
다면 즉시 멈출 수 있을지 물었다. 대조집단의 남자들에게는 아무것도 보여주지 않
은 상태에서 전자와 같은 질문을 했다. 성적으로 흥분된 남자들은 "아~ 참기 어려
울 것 같은데요"라고 응답하는 사람이 많은 반면 흥분하지 않은 대조집단의 남자들
은 "여자친구가 원치 않으면 언제든 그만둘 수 있다"고 자신 있게 반응했다. 왜 그
럴까? 흥분되면 판단력과 자제력이 급격하게 저하되기 때문이다. 흥분이 고조되면

터널에 진입하는 순간 시야가 갑자기 좁아지는 것처럼 판단력이 급격히 저하되는데, 이를 '터널시야Tunnel Vision' 현상이라고 한다. 쉽게 넘어가면 훗날 크게 후회할 수 있는 그런 요청에는 단호하게 "No"라고 거절할 수 있어야 한다.

거절하기 힘든 상황을 모면할 수 있는 나만의 현명한 대처법은 무엇인가?

퇴로를 차단하라
딴 생각을 할 수 없다

어떤 다리를 건너고, 어떤 다리를 불태우느냐가 인생에서 가장 어려운 일이다
– 데이비드 러셀

"신년결심 1호가 '연말까지 1천만 원 모으기' 였습니다. 그런데 적금은커녕 카드 빚만 날로 늘어가 카드 돌려막기를 반복하고 있습니다. 이뿐만이 아닙니다. 얼마 전에 음주운전으로 대형 사고를 낼 뻔해서 절대로 음주운전을 하지 않겠다고 다짐했습니다. 하지만 술만 먹으면 정신이 나가 죽어라고 차를 몰고 갑니다. 이 나쁜 버릇을 어떻게 고칠 수 있을까요?"

– 낭비벽을 고치지 못해 아직 월세 방에서 살고 있다는 30대 후반의 남자

빅토르 위고가 하인에게
옷을 벗어준 까닭

저축을 하겠다고 다짐했는데 왜 카드빚을 지게 될까? 카드를 갖고 다니기 때문이다. 하지 않겠다던 음주운전을 왜 다시 하게 될까? 자동차 열쇠를 갖고 술을 마시기 때문이다.

소설 《레 미제라블》과 《노트르담의 꼽추》의 저자이자 19세기 프랑스 최고의 작가 빅토르 위고는 글을 쓸 때면 하인에게 옷을 몽땅 벗어주며 해가 진 다음에 가져오라고 했다. 놀고 싶은 유혹을 차단해 글을 쓸 수밖에 없도록 자신을 속박하기 위한 것이었다. 우리나라 소설가 이외수 선생 역시 집에 감옥철창을 설치해두고 원고를 집필할 때는 그 안에 들어가서 아내에게 밖에서 문을 잠그도록 부탁하여 스스로를 가뒀다.

평범한 사람들뿐 아니라 위대한 일을 해낸 사람들 역시 이런저런 유혹을 받는다. 그들이 유별나게 의지력이 뛰어났기 때문에 유혹에서 벗어날 수 있었던 것이 아니다. 그들만의 지혜로운 방법이 있었기 때문이다. 그들은 아무리 좋은 의도라도 당장의 쾌락 앞에서 쉽게 무력화될 수 있음을 잘 안다. 그래서 그들은 자극의 힘을 믿고 상황의 힘을 활용한다. 하지 말아야 할 일은 하지 못하도록, 해야 할 일은 할 수밖에 없도록 상황을 조절해주는 지렛대를 가지고 있다.

박테리아에서부터 인간에 이르기까지 모든 생물체는 자극의 영향을 받는다. 우리 자신을 통제하려면 우리를 통제하고 있는 자극의 힘을 인정하고 먼저 상황을 통제할 수 있어야 한다. 만약 우리가 상황을 통제할 수 없다면 상황이 우리를 통제할 것이다. 환경을 통제해서 자기를 통제하는 방법을 심리학에서는 '사전조치 전략Precommitment Strategy'이라고 한다. 실행력이 뛰어난 사람들은 의지력이 남다르기보다 이러한 효과적인 사전조치 전략을 갖고 있는 경우가 더 많다.

재테크를 위해 종잣돈을 모으고, 커리어 관리를 위해 영어공부를 하겠다고 굳게 결심해놓고 지지부진한 사람들이 많다. 돈이란 들어오는 만큼 나갈 곳이 생기고 시간 역시 남는 만큼 해야 할 일이 만들어지기 때문이다. 돈과 시간에는 한 가지 공통점이 있다. 쓰고 남은 돈을 저축한다고 생각하면 절대 돈을 모을 수 없듯이 시간이 남을 때 공부한다고 생각하면 영원히 공부할 수 없다. 돈이 다른 곳으로 새는 것을 막고 저축을 하고 싶다면 신용카드 사용한도를 하향조정하고, 수입 중 일정액이 적금통장으로 미리 빠져나가도록 자동이체를 신청해둬야 한다.

마찬가지로 공부를 하고 싶다면 공부할 시간을 미리 빼두어야 한다. 영어공부를 하고 싶다면 시간이 날 때 하겠다고 생각하지 말고 퇴근 직후 수강할 수 있는 영어학원에 등록해야 한다. 술만 먹으면 운전대를 잡고 싶어하는 버릇이 있다면 술 약속이 있는 날은 차를 두고 출근하거나, 사무실에 자동차 열쇠를 두고 나감으로써 음주운전의 가능성을 사전에 차단하면 된다.

다리에 불을 질러
퇴로를 차단하자

나폴레옹은 죽음을 무릅쓰고 싸우기 위해 부관에게 건너왔던 다리를 불 지르라고 명령했다. 위대한 정복자 줄리어스 시저나 무적의 해적 바이킹 역시 육지에 도착하면 자신들의 배에 불을 질렀다. 모두 도망갈 구멍을 막고 퇴로를 차단해야 죽기 살기로 싸워 이길 수 있다는 것을 알고 있었기 때문이다.

한 고조의 명장 한신은 전쟁을 할 때 전세가 불리해지면 병사들이 도망갈 염려가 있기 때문에 강물을 뒤로 해서 진을 쳤다. 그래서 물에 빠져 죽으나 싸워서 죽으나 마찬가지라고 생각한 병사들은 죽을 힘을 다해 싸워 전쟁에서 이기게 되었으며 이로 인해 '배수진을 친다背水之陣'는 말이 생겨났다. 진나라의 영웅 항우도 병사들이 도망갈 생각을 하지 못하도록 밥 지을 솥을 깨뜨리고 타고 돌아갈 배를 침몰시켜 불리한 싸움에서 이길 수 있었기에 이후 '파부침선破釜沈

船'이란 말이 전해온다.

다리에 불 지르기, 배 침몰시키기, 배수진 치기, 밥솥 깨뜨리기는 모두 실행력이 뛰어난 사람들이 갖고 있는 훌륭한 사전조치 전략이다. 그들은 자신과 부하들이 결심을 번복할 수 없도록 퇴로를 차단했다. 자기 자신을 속박해서 결심을 번복하지 못하게 하기 때문에 나는 이런 사전조치 전략을 '가두리 기법Enclosure Technique'이라고도 한다.

도서관으로 가서 공부를 할 수밖에 없도록 하고, 첫 교시 수업을 수강하거나 새벽 스터디 모임의 간사 일을 자청해 아침형 인간이 될 수밖에 없도록 만드는 것, 발표를 하겠다고 손을 들어 어쩔 수 없이 책을 읽게 만드는 것, 이 모두가 도망갈 수 없는 상황에 자신을 가두고 원하는 일에 몰두하게 만드는 가두리 기법이다. 버는 대로 쓰는 습관이 있어 노후대비를 하지 못한다면 주택을 구입해 돈 쓰는 것을 방지하고 은퇴할 때까지 저축 상태로 남아 있도록 자신을 속박하면 된다.

얼마 전, 아내가 아침부터 대청소를 하기 시작했다. 평소 정신없이 어질러져 있던 화장대 물건들을 흔적도 없이 몽땅 치우는 것을 시작으로 거실 소파며 탁자를 모두 한쪽으로 밀어놓고 평소에 잘 닦지 않던 소파 밑과 문턱, 베란다 유리창까지 구석구석 닦느라 진땀을 빼고 있었다. 내가 의아해하자 아내는 친구들을 집에 초대했다며 가만히 있지만 말고 어서 도우라고 역정을 냈다. 그래서 내가 "친구들인데 좀 지저분하면 어때서! 그냥 대충대충 하자"고 했더니 아내는 이렇게 내 말을 받았다. "사실 친구들을 초대했기 때문에 청소를 하는 게 아니라 대청소를 하기 위해 친구들을 초대했다는 게 더 맞을지 몰라요."

밖에서 만날 수도 있는 친구들을 군이 집으로 초대해 하기 싫은 대청소를 주기적으로 해치우는 내 아내는 이미 알고 있었다. '가두리 기법'을 적절하게 사용하면 마당 쓸고 동전 줍고, 도랑 치고 가재도 잡을 수 있다는 사실을. 반드시 해야 할 일이 있다면 그 일을 하지 않을 수 없도록 이렇게 단단히 쐐기를 박아두는 게 좋다.

선생님, 제발 결석으로 처리해주세요

애플의 CEO 스티브 잡스는 한때 봉급으로 1달러만 받기로 했다. 우리나라의 한 은행장도 취임하면서 월급으로 1원만 받겠다고 선언했다. 한 유명 유원지의 경영을 의뢰받은 CEO 역시 흑자가 날 때까지 월급을 100원씩만 받겠다고 선언해 세간에 화제가 된 적이 있다.

세계적인 광고회사 사치앤사치Saatchi & Saatchi의 CEO 케빈 로버츠 Kevin Roberts는 메리 퀀트Mary Quant라는 회사에 이력서를 내면서 6개월간 전임자 월급의 절반만 받겠다면서 그 후에는 자신의 능력을 보고 판단하라고 제안했다.

스티브 잡스는 정말 1달러만 받고 싶어 그랬을까? 그는 나중에 회사를 회생시켜 스톡옵션으로 몇 백만 달러의 수입을 챙겼다. 그 은행장도 월급 1원씩만 받았을까? 그 역시 스톡옵션으로 엄청난 보수를 받았다. 유원지 경영자는 지금도 한 달에 100원씩만 받고 있을까? 천만의 말씀이다. 수억 원의 연봉을 받는다. 그렇다면 케빈 로버츠는? 세계적인 경영자이자 베스트셀러 작가가 되었다.

그들은 왜 1달러, 1원, 100원만 받겠다고 했을까? 우리보다 욕심이 없어서 그랬을까? 천만의 말씀이다. 오히려 보통사람들보다 훨씬 욕심이 많기 때문에 그럴 수 있었다. 그들은 원하는 것을 확실하게 얻어내려면 배수진을 치는 게 가장 효과적이라는 사실을 누구보다 잘 알고 있었다.

부자가 되고 싶은가? 그렇다면 우선 지각하는 버릇부터 고쳐야한다. 지각하는 버릇을 고치고 싶은가? 그렇다면 늦더라도 강의실에 나타나기만 하면 출석으로 처리해주는 너그러운 교수에게 정중하게 부탁해야 한다. "교수님, 제발 결석으로 처리해주십시오. 저는 수업을 듣는 것만으로 충분히 만족합니다."

실제로 내 학생 중 한 명은 내게 이런 메일을 보내왔다.

"선생님, 저는 수업에 꼭 몇 분씩 늦는 못된 버릇이 있었어요. 이전에는 그걸 별로 대수롭게 생각하지 않았는데 학기 초 출근시간과 연봉의 관계에 대한 교수님의 말씀을 듣고 지각 버릇을 고치기로 결심했습니다. 지금은 제 여자친구와 함께 아침에 먼저 일어나는 사람이 상대방에게 모닝콜을 하기로 약속하고 그렇게 실행하고 있습니다. 그리고 지각을 하면 절대로 교수님께 출석체크를 해달라고 요청하지 않기로 했습니다. 스스로 결석처리를 한 것이죠. 지각 버릇을 버리지 못하는 이유가 조금 늦어도 출석으로 인정받을 수 있기 때문이라는 것을 깨달았기 때문입니다."

나는 이 메일을 받고 더 많은 학생들을 도와줘야겠다고 생각했다. 그 후로 학기 초 개강 첫날, 학생들에게 내 수업에서는 1분만 늦어도 결석으로 처리된다고 말해주면서 이에 동의한 학생들만 수강을 허락한다.

옳은 이유만으로 실천할 수 없다면 어쩔 수 없는 이유를 만들어 실천하면 된다. 얼마 전, 금연을 위해 가두리 기법을 확실하게 활용한 주인공 한 명을 해외토픽에서 발견했다. 전직 은행가인 영국인 제프 스파이스(58세)는 금연을 위해 집은 물론 전기나 물도 없는 진짜 무인도인 스카라바이 섬으로 들어가 직접 불을 피우며 텐트에서 생활하기로 했다. 그는 신문팔이 시절이던 13세 때부터 담배를 피워 하루 30개피씩 45년 동안 담배를 피웠는데 그동안 니코틴 패치, 금연 껌, 책 등 온갖 방법을 동원해 금연을 시도했지만 번번이 실패하고 말았다. 결국 담배와 완전히 단절된 무인도로 들어가기로 결심했다. 그는 생필품 몇 가지와 120권의 책을 담은 아이팟만 가지고 무인도로 들어가면서 혹시 배로 그 섬 근처를 지날 때 경적을 울려주거나 손을 흔들어 응원해주면 그의 도전에 도움이 될 것이라고 너스레를 떨면서 이번만은 반드시 금연에 성공할 수 있을 거라고 장담했다.

장기적인 관점에서 보면 아무리 중요한 일이라도 당장 고통을 주는 일이라면 별짓을 다 해 피하고 싶은 게 인간의 마음이다. 아무리 하지 말아야 할 일도 그 순간 쾌감을 주는 일에는 마음이 혹하는 게 인간의 본성이다. 그러니까 정말 해야 할 일이 있다면 스스로를 가두리에 가둬 고통을 감수하면서라도 그 일을 하게 만들어야 한다.

그러나 이런저런 유혹에 휘둘려 목표를 달성하지 못했다고 해서 의지박약이라고 자신을 비하해서는 안 된다. 그동안 빅토르 위고나 이외수 선생처럼 건너지 말아야 할 곳의 다리는 불태워버리고, 건너야 할 곳에 다리를 가설하지 못했을 뿐이다. 이제라도 하지 말아야 할 일로 통하는 다리를 불태우고 해야 할 일에 고속도로를 가설하면 된다.

불필요한 전화가 너무 많아 일을 제대로 못한다면 차라리 휴대폰을 갖고 다니지 말자. 발표를 앞두고 불안하다면 "저요!" 하고 손을 들어 다음 시간에 발표를 맡겠다고 선언하자. 기타를 배우고 싶다면 일단 음악학원에 등록하자. 논문을 쓰고 싶다면 일주일에 한 번씩 진행사항을 보고하겠다고 교수에게 메일을 보내자.

KAIST의 안철수 교수는 이렇게 말한 적이 있다. "의대 교수로 재직하면서 바이러스 백신을 연구할 때 최대의 고민은 바로 백신개발에 필요한 최첨단 기술을 공부할 시간이 없다는 것이었습니다. 그래서 꾀를 냈습니다. 잡지사에 전화해서 최신기술에 대한 기사를 연재하겠다고 했어요. 당시 그것에 대해 전혀 모르는 상태였기 때문에 너무 힘들었지만 매번 발등에 불이 떨어지니 원고 마감까지 자료를 찾고 원고를 쓸 수밖에 없었어요. 그 일을 계기로 그 분야에 대해 잘 알게 되었고, 덕분에 여러 가지 일을 할 수 있었습니다."

하지 말아야 할 일이 있다면 그쪽으로 도망칠 수 있는 퇴로를 차단하자. 해야 할 일이 있다면 어쩔 수 없이 그 일을 할 수밖에 없도록 가두리를 설치하자. 한두 달이 지나면 자신이 이룬 성과에 놀라게 될 것이다. 몇 년이 지나면 그동안 이룬 성과가 너무 엄청나 기절할지도 모른다.

배수진을 치고 싸우는 사람들과 남몰래 퇴로를 마련해둔 사람들은 여러 가지 점에서 다르다. 눈빛도 다르고 태도나 행동도 다르다. 그 차이가 승패를 좌우한다.

반드시 실천해야 할 결심은 무엇인가? 그대의 꿈을 이루기 위해 그대가 불 질러야 할 다리, 침몰시켜야 할 배는 무엇이며 그대를 가둘 가두리는 무엇인가?

Stop: 꼭 해야 할 일이나 반드시 달성해야 할 목표인데 당장의 유혹에 휘둘리거나 빠져나갈 수 있는 구멍이 있어 실천하지 못하고 있는 일은 무엇인가?

_____

_____

_____

_____

Think: 그 일을 어쩔 수 없이 하게 만드는 사전조치 전략들을 찾아보자.

_____

_____

_____

_____

Action: 사전조치 전략 중 한 가지를 선택해서 곧바로 실천하고 그 결과를 적어보자.

_____

_____

_____

_____

세이렌의 유혹을 이겨낸 오디세우스의 도구 ·······················

트로이 전쟁에서 승리한 오디세우스는 사랑하는 가족이 기다리고 있는 고향으로 돌아가는 길에, 마녀 키르케의 유혹에 빠져 가족들을 잊고 그녀와 동거를 하게 된다. 뒤늦게 정신을 차린 오디세우스는 키르케의 만류를 뿌리치고 다시 고향을 향해 배를 띄운다. 그러나, 고향으로 가려면 반드시 이타나 섬을 지나쳐야 하는데, 그곳에는 달콤한 노래로 선원들을 유혹해 잡아먹는 바다 요정 세이렌 자매가 살고 있었다. 그 섬에는 부서진 배와 선원들의 뼈가 산처럼 쌓여 있다. 오디세우스는 부하들이 세이렌의 노래를 듣지 못하도록 밀랍으로 귀를 막게 하고, 자신의 몸을 쇠사슬로 돛대에 묶게 한 뒤 항해를 시작했다. 섬을 지나자 세이렌 자매는 여느 때처럼 달콤한 노래로 선원들을 유혹했다. 마법에 걸린 것처럼 세이렌의 유혹에 빠져든 오디세우스는 발버둥을 치면서 쇠사슬을 풀어달라고 명령하지만 아무도 그 명령을 듣지 못해 무사히 섬을 빠져나가게 된다. 비상경보를 의미하는 '사이렌Siren'이라는 단어는 이렇듯 유혹을 상징하는 바다 요정 세이렌Seiren에서 기원했다.

지금 내 목표달성을 방해하기 위해 나를 유혹하고 있는 세이렌의 노래는 무엇이고 그에 대비해 내가 준비하고 있는 귀마개와 쇠사슬은 무엇인가?

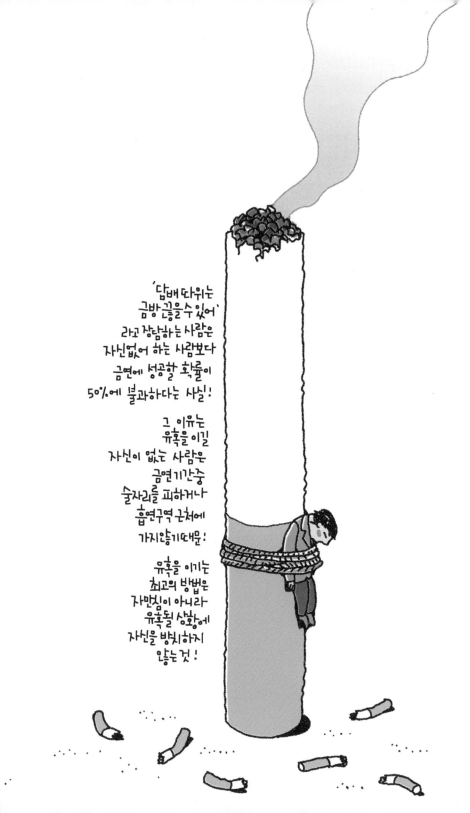

'담배 따위는
금방 끊을 수 있어'
라고 장담하는 사람은
자신없어 하는 사람보다
금연에 성공할 확률이
50%에 불과하다는 사실!

그 이유는
유혹을 이길
자신이 없는 사람은
금연기간중
술자리를 피하거나
흡연구역 근처에
가지않기 때문!

유혹을 이기는
최고의 방법은
자만심이 아니라
유혹될 상황에
자신을 방치하지
않는 것!

열심히만 살지 말라
부가가치를 따져보라

하지 않아도 될 일을 효율적으로 하는 것만큼 쓸모없는 일은 없다
– 피터 드러커

"저는 날밤을 새면서 공부해요. 선생님이 하시는 말씀 한 마디 한 마디를 모두
메모해요. 저만큼 노트정리를 철저하게 하는 사람은 아마 우리 반에 없을 거예
요. 그런데 왜 성적은 항상 제자리걸음일까요?"

– 열심히 공부하지만 성적이 오르지 않는 10대 고등학생

"닥치는 대로 아르바이트를 했어요. 취업 후에는 투잡, 쓰리잡을 갖고 밤늦게까
지 일하면서 살았어요. 저는 한눈팔지 않고 일만 하면서 정말 열심히 살아요. 그
런데 좀처럼 돈이 모이지 않네요."

– 매일 열심히 일하는데도 통장 잔고는 바닥인 40대 직장인

죽도록 열심히 일해도
여전히 힘들게 살 수밖에 없는 까닭

모 방송국의 TV 프로그램을 보면 이런저런 분야의 달인들을 만날 수 있다. 나는 평생 한 우물을 파서 달인의 경지에 오른 그들을 통해 여러 가지를 느낀다. 그들의 재주를 보고 있노라면 입이 다물어지지 않을 때도 많다. 그들은 하나같이 자기가 하는 일에 애정을 갖고 즐겁게 일하며 낙천적이다. 그런데 그 달인 중 한 명이 했던 이 말은 아직도 내 귓가를 맴돈다. "내 대에서 가난을 끝내고 싶어 죽어라고 일했어요. 그러다 보니 이 일에서만은 아무도 따를 수 없는 달인이 되었지요. 하지만 문제는 제가 여전히 가난하다는 것입니다."

무슨 일이든 열심히 하고 그래서 남보다 더 잘하게 되면 얻는 것도 더 많을 거라고 생각하는 사람들이 많다. 하지만 안타깝게도 그건 착각인 경우가 더 많다. '효율성Efficiency'과 '효과성Effectiveness'은 엄연히 다르기 때문이다.

효율적으로 일한다는 것은 성과와 상관없이 일을 경제적으로, 즉 노련하게 하는 것을 말한다. 반면, 효과적으로 일을 한다는 것은 성과나 기여도를 높일 수 있는 일을 하는 것을 말한다. 많은 사람들이 효과성은 고려하지 않으면서 그냥 일을 열심히 한다. 그래서 세상은 죽도록 일하고도 원하는 것을 얻지 못하는 사람들로 가득하다. 누구보다 열심히 일해서, 그 일을 누구보다 노련하게 해내지만 원하는 것을 얻지 못한다면 그건 가치나 기여도가 낮은 일을 선택했기 때문이다. 그래서 효과를 내지 못했기 때문이다. 효율성과 효과성의 차이를 인식하는 그 순간부터 성과에서 차이가 나기 시작한다.

> ✏️ **효율성과 효과성의 차이**
>
> ❶ **효율성**(Efficiency): 투자한 노력과 결과의 비율로 계산되며 일을 얼마나 많이, 얼마나 빨리 할 수 있는지로 측정된다. 효과와 성과는 별개의 차원이기 때문에 효율성이 높다고 해서 반드시 성과가 보장되는 것은 아니다.
>
> ❷ **효과성**(Effectiveness): 실제 성과나 기여도에 직결되는 핵심적인 일을 얼마나 잘하는가의 척도이다. 효과성이 높게 일한다는 것은 성과를 낼 수 있는 일이나 기여도가 높은 일을 잘한다는 것이다.

그저 일을 열심히 했다는 것만으로 자위해서는 안 된다. 일을 빨리 하고 많이 했다는 것만으로 만족해서도 안 된다. 열심히 일하거나 일을 잘하는 건 생각보다 중요하지 않다. 무엇을 했는가가 훨씬 더 중요하다. 가치 없는 일을 열심히 한다고 해서 가치가 올라가는 것은 아니며, 중요하지 않은 일을 효율적으로 한다고 해서 그 일이 중요해지는 것도 아니다. 세상에는 더 적게 일하면서도 더 많은 것을 얻어내는 사람들, 그래서 풍요로운 삶을 살면서도 여유롭게 살아가는 사람들이 있다. 그들은 언제나 효율성보다 효과성을 먼저 생각한다.

무리하게 집필 작업을 해서 요통으로 한동안 고생한 적이 있었다. 그래서 요통치료를 위해 동네 사우나에서 스포츠 마사지를 받았다. 마사지사가 아픈 곳을 귀신처럼 잡아내 마사지를 해주니 금방 나을 것처럼 시원했다. 그에게 경력을 물어봤더니 12년째라고 하면서 이젠 마사지가 손에 익어 전혀 힘이 들지 않기 때문에 다른 일을 할 수 없다고 말했다. 손님이 없을 때면 언제나 컴퓨터 고스톱 게임에 몰두하고 있는 그분을 보면서 나는 이런 생각을 했다. '손님이 없는 그 시간에 매일 인터넷에서 창업 성공사례를 찾아보거나 경제경영 서적을 읽는다면 몇 년 후 이 사람은 스포츠 마사지 빌딩의 소유주가 되어 있을지도 모르는데……'

날밤을 새면서 공부를 해도 성적이 오르지 않는다면? 남다른 재주를 갖고 더 많은 일을 해도 성과가 오르는 것도 아니고 크게 기여하는 것도 없다면? 잠시 하던 일을 멈추고 자신의 하루를 가만히 돌아봐야 한다. 효과성이 떨어지는 일만 골라서 하고 있는 것은 아닌지 따져봐야 한다.

가치가 낮은 일을 찾아
성과가 높은 일로 대체하자

남보다 부지런을 떤다. 신속하게 많은 일을 처리한다. 그런데도 그들 자신이나 그들이 속한 조직에 별로 도움이 되지 못하는 사람들이 많다. 효과가 없는 일을 효율적으로 하기 때문이다. 남보다 부지런을 떨면서 항상 분주하지만 성과가 나지 않는다면 자기가 하는 일을 다시 한번 검토해보아야 한다. 열정적으로 일을 벌여도 조직에 변화가 일어나지 않는다면 지금까지와는 다른 각도에서 그 일을 살펴보아야 한다.

열심히 하는 것 같지만 성과가 오르지 않는 개인과 집단에게는 몇 가지 공통점이 있다. 첫째, 어려운 일보다는 익숙하거나 쉬운 일을 선택한다. 둘째, 효과성보다 효율성에 집중한다. 셋째, 장기적인 성과보다는 즉각적인 결과에 초점을 맞춘다.

중요하지 않은 일에 중요한 에너지를 투자하지 말자. 쓸모없는 일에 활용가치가 많은 시간을 투자하는 것만큼 어리석은 것은 없다. 내가 주로 시간과 에너지를 투자하고 있는 일은 무엇인가? 쉽고 익숙한 일, 그래서 크게 노력하지 않고도 할 수 있는 일인가? 아니면 당장은 어렵지만 훗날 크게 성과를 낼 수 있는 일인가?

어제와 다른 내일과 남다른 삶을 원한다면 반드시 충족시켜야 하는 전제조건이 있다. 어제보다 더 많은 성과를 낼 수 있는 일을 선택해서 남다르게 해야 한다는 것이다. 남들이 하는 일을 어제와 똑같이 하면서 산다면 절대로 남다른 삶을 살 수 없다. 어제와 다른 내일이 있을 수도 없다.

쉬운 과목 대신, 학점을 받기는 어렵지만 중요한 과목을 선택하면 더 나은 미래를 맞이할 수 있다. 손쉽고 편한 아르바이트 대신 정말 일하고 싶은 분야의 일터에서 무보수로 일을 해본다면 원하는 직장을 훨씬 쉽게 구할 수 있다. 요리법이 익숙하다는 이유로 항상 해먹던 반찬만 상에 올리기보다 실험정신을 발휘해 매번 새로운 방법으로 조리를 하다 보면 가족의 건강 증진은 말할 것도 없고 멋진 레스토랑의 경영자가 될 수 있다. 똑같은 주제에 대한 강의를 줄이고 집필활동에 시간을 할애한다면 더 많은 부가가치를 창출할 수도 있다.

🖊 나는 어디에 속하는가?

❶ 낮은 효과성 & 낮은 효율성 : 쉬운 일, 부가가치나 실제 기여도가 낮은 일을 주로 선택한다. 그러나 남다르게 더 많은 일을 하거나 더 잘하지도 못한다. 힘들게 일을 해도 별로 얻는 게 없고 항상 뒤처진다.

❷ 낮은 효과성 & 높은 효율성 : 주어진 일을 남보다 더 노련하게 하지만 크게 성공하기 어렵다. 일을 잘한다고 칭찬도 많이 받고 간혹 그 분야의 달인이라는 평가를 받기도 하지만 여전히 경제적·시간적으로 여유로운 삶을 살지 못하고 있다.

❸ 높은 효과성 & 낮은 효율성 : 가치가 높은 일을 선택해서 많은 시간과 에너지를 투자하고 있지만 당장 효과가 드러나지는 않는다. 그러나 지속적으로 노력하면 '높은 효율성 & 높은 효과성' 집단에 진입할 수 있다. 장기적으로 성장 잠재력이 매우 높다.

❹ 높은 효과성 & 높은 효율성 : 다른 사람들이 하기 어려운 일, 그러면서도 가치가 높은 일을 효율적으로 해내기 때문에 분주하지 않고 여유롭게 생활하면서도 더 높은 성과를 낼 수 있다. 자기통제감이 높고 행복지수와 소득수준이 매우 높다.

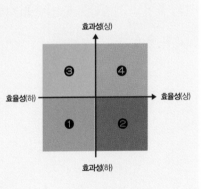

효과적인 사람은 성과를 높이기 위해
끊임없이 묻는다

효과성이란 목적지가 서울이면 서울로 가는 것이고, 비효과성이란 서울이 아닌 엉뚱한 곳으로 가는 것이다. 목적지와 다른 곳으로 간다면 아무리 열심히 아무리 빠른 속도로 가도 아무 소용이 없다. 열심히 공부를 해도 성적이 오르지 않는 학생들, 늘 바쁘지만 결과가 신통찮은 직장인, 남다른 재주를 갖고 있는데도 평생 힘들게 살아가는 사람들, 모두 효과성이 떨어지는 사람들이다.

비효과적인 사람들은 현재의 관점으로 상황을 바라보면서 단지 그들에게 친숙하거나 당장 하기 쉽다는 이유로 일을 택하는 경향이 있다. 반면, 효과적인 사람들은 미래의 관점에서 가치를 창출하거나 기여도가 높은 일을 선택한다. 그들은 무슨 일을 하건 전략 단계부터 항상 효과성을 먼저 따진다. 실행 단계에서도 그 일이 어떤 결과를 초래할지, 효과성이 더 큰 일은 무엇인지에 대해 끊임없이 질문하면서 일을 한다. 그들은 대개 이런 식의 질문 습관을 갖고 있다.

첫째, 나는 지금 어떤 일들을 하고 있는가? 비효과적인 사람들은 그냥 습관적으로 일을 하지만 효과적인 사람들은 아무 생각 없이 그냥 일하지 않는다. 그들은 간간이 멈추고 자신이 어떤 일로 하루를 보내는지 점검하면서 그 일을 통해 얻고자 하는 것이 무엇인지 묻고 또 묻는다.

둘째, 내가 하고 있는 일이 성과나 기여도에 얼마나 직결되는가? 이 질문은 매우 중요하다. 실제로 많은 사람들은 자신이 하고 있는 일이 어떤 결과를 초래하고 성과와 얼마나 직결되는지 생각하지 않고 일하기 때문에 성과와 무관한 일에 너무 많은 시간과 에너지를 낭비하고 있다. 효과적인 사람들은 일이 만족스럽게 돌아가고 있을 때조차도 효과성이 더 높은 일이 무엇인지 끊임없이 찾아본다.

셋째, 내가 하고 있는 일 중에서 성과와 무관하거나 방해가 되는 일은 무엇이고 그 대신 지금부터 더 많이 해야 할 일은 무엇일까? 효과적인 사람들은 수시로 기대했던 바와 결과를 비교하면서 장기적인 관점에서 하지 말아야 할 일은 줄이고 그 대신 부가가치와 실제 기여도가 높은 일에 시간과 노력을 더 많이 투자하려고 애쓴다.

효과적인 삶을 살고 싶다면 효과적인 사람들이 갖고 있는 습관을 자신의 것으로 만들면 된다. 지금 하고 있는 일 중 효과성이 떨어지고 기여도가 낮은 일은 무엇이고, 더 풍요로운 삶을 살기 위해 지금부터 더 많은 시간과 에너지를 투자해야 할 효과성 높은 일은 무엇인가?

Stop: 효과성과 기여도가 낮은 일을 선택하여 만족한 삶을 살지 못하고 있는 사람들을 찾아서 적어보자.

_____

_____

_____

_____

Think: 내가 하고 있는 일 중 부가가치와 기여도가 낮은 일, 즉 효과성이 떨어지는 일들을 찾아보자.

_____

_____

_____

_____

Action: 장기적인 안목으로 봤을 때 지금부터 더 많은 시간을 투자해야 할 일 한 가지를 찾아 당장 실천할 수 있는 일부터 행동에 옮겨보자.

_____

_____

_____

_____

18년 동안 도를 닦아 18루피를 벌다

"선생님, 제가 물 위를 걸어 갠지스 강을 건널 수 있게 되었습니다." 한 수행자가 인도의 정신적 지도자인 라마크리슈나를 찾아가 의기양양하게 자신의 도력을 고했다. 눈을 지그시 감고 듣고 있던 라마크리슈나가 물었다. "그래 몇 년이나 수련을 했는가?" 제자는 대답했다. "18년이나 걸렸습니다." 스승은 다시 물었다. "이보게, 갠지스 강을 건너는 데 뱃삯이 얼마인가?" 제자는 대답했다. "18루피라고 들었습니다." 이 말을 들은 라마크리슈나가 수행자에게 말했다. "자네는 18년 동안 노력해서 겨우 18루피를 벌었네."

물 위를 걷는 것 자체는 생각보다 중요하지 않다. 그것으로 무엇을 얻느냐가 훨씬 더 중요하다. 사람이 아무리 빨리 달려도 치타보다 더 빨리 뛸 수는 없다. 아무리 도력이 깊어도 소금쟁이처럼 물 위를 걸을 수는 없다. 내가 해야 할 일은 치타처럼 뛰는 것이 아니다. 소금쟁이처럼 물 위를 걷는 것도 아니다. 나만이 할 수 있는 더 중요한 일이어야 한다. 내가 앞으로 18년 동안 시간과 에너지를 투자해야 할 부가가치와 실제 기여도가 높은 일, 그래서 남다른 성과를 낼 수 있는 정말 중요한 일은 무엇인가?

목표에서 눈을 떼지 말라
결국 이루게 된다

시도하지 않는 것보다 더 몹쓸 것은 하다가 흐지부지 그만두는 것이다
– 나가모리 시게노부

"고3입니다. 대학에 가야 합니다. 그런데 아침 5시에 일어난다고 알람을 몇 개씩이나 켜놓고도 7시가 되어야 겨우겨우 일어납니다. 낮에도 잠을 이겨내지 못합니다. 집에 오면 그대로 걷잡을 수 없이 졸음이 밀려옵니다. 5분만 쉬자고 누우면 어느새 잠이 듭니다. 아무리 공부하자고 다짐해도 20분만 지나면 벌써 눈에 피로가 몰려오고 점점 자세가 흐트러집니다. 몸을 배배 꼬다가 발을 의자 위에 올리기도 하고 엎드려 하다, 눕다 하다 반복하지만 1시간도 안 되어 지겨워지면서 온갖 잡념들이 떠오릅니다. 잠깐 기분전환이나 하려고 인터넷을 켜면 어느새 2시간을 훌쩍 넘깁니다. 그러다 늦게 잠들고 또 다음날 못 일어납니다. 제가 A형이라 특히 유혹에 잘 넘어가는 걸까요?"

– 수험공부는 뒷전이고 매일 놀기만 하는 고3 수험생

장애물이 눈에 띄었다면
목표에서 눈을 뗐기 때문이다

어떤 사람들이 교통사고를 자주 낼까? 주의가 산만한 사람들이 그렇다. 그들은 시동을 걸자마자 라디오나 CD플레이어를 켠다. 운전을 하면서도 수시로 내비게이션 같은 기기를 만지작거리거나 전화나 문자를 주고받는다. 옆 사람과 크게 떠들면서 대화를 하거나 주변을 두리번거리고 옆차 운전자나 길가는 보행자들에게까지 한눈을 판다. 한눈을 판다는 것은 장애물에 시선이 갔다는 것이고, 장애물에 시선이 갔다는 것은 목표에서 눈을 뗐다는 것을 의미한다.

TV나 컴퓨터 때문에 공부를 하지 못한다면 그것은 공부라는 목표에서 눈을 뗐기 때문이다. 야식의 유혹에 넘어가는 것도 다이어트라는 목표에서 눈을 뗐기 때문이다.

콜롬비아 대학의 한 연구결과에 따르면, 대부분의 세일즈맨들이 세일즈에 직접 관련되는 중요한 일을 하는 시간은 놀랍게도 하루 평균 1시간~1시간 30분에 지나지 않는다고 한다. 대개 첫 번째 세일즈 전화는 오전 11시에 이루어지고, 마지막 통화는 오후 3시 30분쯤 이루어진다. 그 사이에는 대부분 동료들과 수다를 떨고 커피를 마시거나 신문을 읽는다는 것이다. 물론 이건 어디까지나 이 연구의 대상이 된 세일즈맨들의 평균적인 생활양상이지만 우리 자신이 하루를 어떻게 보내고 있는지 되돌아볼 수 있는 좋은 자료가 된다.

심리학자 리처드 칼슨Richard Carlson은 목표를 생각하는 시간과 목표달성 정도가 매우 밀접하게 관련되어 있다는 사실을 상담을 통해 확인했다. 돈을 버는 방법에 대해 날마다 1시간씩 생각한 사람은 2년 후, 정말 재산이 눈에 띄게 늘었다는 것이다. 한국 최초로 부자학을 대학에서 공식과목으로 개설한 한동철 교수는 그의 저서에서 이렇게 말한다. "부자들은 하루 24시간 중, 눈을 뜨고 있는 17시간 정도를 부자가 되겠다는 '부자의 관점'에서 생활한다. 하지만 보통 사람들은 1시간 정도만 그렇게 한다."

축구에서 골프까지 모든 구기 종목에는 한 가지 대원칙이 있다. '공에서 눈을 떼지 말라'는 것이다. 원하는 것이 있다면 그것에서 눈을 떼지 말아야 한다. 행복한 사람들은 행복한 일과 행복하게 될 수 있는 방법을 생각하며 시간을 보낸다. 하지만 불행한 사람들은 불쾌한 일, 기분 나쁜 사람들을 생각하며 대부분의 시간을 보낸다.

자녀와의 관계 때문에 상담을 받으러 온 엄마에게 이렇게 질문했다. "하루 중 얼마나 아이에 대한 생각을 하십니까?" 그녀는 "거의 하루 종일 아이에 대해 생각합니다"라고 대답했다. 구체적으로 어떤 생각들을 하는지 확인했더니 이런 내용들이었다. "도대체 전생에 무슨 죄가 있어서……" "왜 하필이면 저런 애가 내 자식으로 태어났는지······.""저 애만 아니라면······." 나는 그녀에게 자녀와 좋은 관계를 만드는 것이 목표라면 그것을 이룰 수 있는 생각을 해야 한다고 말해주면서 다음과 같은 생각을 얼마나 하는지 다시 물었다. "아직 모르고 있는 내 아이의 장점은 무엇일까?" "이 아이와의 장벽을 허물기 위해 내가 할 수 있는 일은 무엇일까?" "내 아이가 나에게 듣고 싶은 말은 무엇일까?" 내 말을 듣고 있던 그녀는 한숨을 쉬면서 이렇게 말했다. "그런 생각은 별로 해본 적이 없네요." 원하는 것을 얻고 싶다면 원치 않는 것, 피하고 싶은 것이 아니라 원하는 것과 그것을 얻을 수 있는 방법에 대해 생각하는 시간을 더 많이 가져야 한다.

언젠가 손님이 없는 동네 삼겹살집 주인과 이야기할 기회가 있었다. 이런저런 이야기를 하다 손님이 없어 죽겠다는 그에게 이렇게 물었다. "손님이 오지 않는 이유와 오고 싶게 만들 수 있는 방법을 모조리 찾아 목록으로 작성해본 적이 있나요? 어떻게 하면 한 번 온 손님이 다시 오고 싶게 만들 수 있을지 궁리하느라 한 나절을 꼬박 보내본 적이 있나요?" 짐작대로 그는 얼른 대답하지 못했다. 그는 평소 한가할 때면 바로 옆에 새로 개업한 식당을 비난하거나 정부정책에 대해 투덜거리지 않으면 TV 채널을 돌리기에 바빴다.

뒤를 돌아본다는 것은 갈 길을 정하지 못했기 때문이고 다른 이성에게 눈이 간다는 것은 파트너에게 눈을 뗐기 때문이다. 목표달성에 실패하는 사람들에게는 몇 가지 특성이 있다. 첫째, 목표에 대한 절실한 동기가 없다. 둘째, 유혹에 쉽게 휘둘린다. 셋째, 목표를 잊고 지내는 시간이 많다. 원하는 것을 얻고 싶지만 유혹에 굴복하고 만다면 헨리 포드의 다음 말을 떠올리자. "장애물이란 당신이 목표에서 눈을 돌릴 때 나타나는 것이다. 목표에 눈을 고정하고 있다면 장애물은 보이지 않는다."

간간이 하던 일을 멈추고 확인해보자. 지금 하려는 이 일은 내 목표와 어떤 관계가 있는가?

안테나를 세워라
방법이 잡힌다

내가 만난 어느 광고기획자는 이렇게 말했다. "처음에는 아이디어가 떠오르지 않아 정말 괴로웠어요. 하지만 몇 년 동안 책을 보거나 밥을 먹거나 술을 마실 때조차, 깨어 있는 시간 내내 죽어라고 광고만 생각했어요. 그랬더니 서서히 아이디어가 제 머릿속으로 찾아들어 오기 시작했어요." 어떤 분야에서 두각을 나타낸 사람들에게는 공통점이 있다. 목표가 명확하고 자나깨나 그 목표에서 눈을 떼지 않는다는 것이다.

헝가리 축구 영웅인 페렌츠 푸스카스 Ferenc Puskas는 우승의 비결을 이렇게 이야기했다. "나는 많은 시간 축구를 한다. 공을 찰 수 없을 때는 축구에 대해 이야기를 한다. 축구에 대해 이야기하지 않을 때는 축구에 대해 생각을 한다." 그는 깨어 있는 거의 모든 시간을 축구만을 생각하며 살았다. 그리하여 축구계의 명인이 되었다.

85세에 숨을 거두기 직전까지 4,000회 이상 콘서트를 했던 건반 위의 사자, 빌헬름 바크하우스Wilhelm Backhaus에게 기자가 물었다. "선생님, 연주하지 않을 때는 주로 뭘 하십니까?" 물끄러미 그 기자를 쳐다보던 그는 퉁명스럽게 대답했다. "연주하지 않을 땐 연습을 하지!"

초등학교도 졸업하지 못했지만 국제발명특허 62개를 받아 대한민국 훈장 2개, 발명특허대상을 받고 장영실상을 5회나 수상해 초정밀 가공분야 명장으로 추대된 김규환 명장은 이렇게 말한다. "하루 종일 쳐다보고 생각하고 또 생각하면 해답이 나옵니다. 가공기계 개선을 위해 석 달 동안 고민하다 꿈에서 해답을 얻어 해결하기도 했습니다."

'之之之中知 行行行中成(지지지중지 행행행중성)'이라는 말이 있다. 가고 가고 또 가다 보면 알게 되고, 행하고 행하고 또 행하게 되면 이루게 된다는 말이다. 목표에 대해 생각하고, 생각하고, 또 생각하면 방법을 찾게 되고, 행하고 행하고 또 행하다 보면 목표를 달성할 수 있다. 결국 우리는 자신이 날마다 생각하고 행하는 그런 사람이 된다. 지금부터 2,300여 년 전에 이미 아리스토텔레스 역시 이렇게 말했다. "머릿속으로 자신이 바라는 것을 생생하게 그리면 온몸의 세포는 모두 그 목적을 달성하는 방향으로 조절된다."

제대로 된 목표가 만들어지면 그때부터 모든 것이 변하기 시작한다. 만나는 사람과 자주 가는 곳이 달라진다. 보고 듣는 책이나 기사뿐 아니라 방송 채널도 달라지고 대화주제도 달라진다. 처음에는 사람이 목표를 만들지만 일단 목표가 만들어지면 목표가 사람을 이끌기 때문이다.

한 가지 목표에 몰두하면 대뇌의 망상체가 고성능 필터를 작동시킨다. 그래서 목표와 관련된 것들에 대해서는 민감하게 반응하고 나머지는 무시한다. 어떤 브랜드의 차를 사기로 결정하면 이전에는 몰랐던 사실을 한 가지 깨닫게 된다. '도대체 어디서 다 쏟아져 나왔을까' 할 정도로 그 차가 도로에 많다는 사실 말이다. 하지만 그 차들은 이전에도 있었다. 우리가 관심을 기울이지 않아서 눈에 띄지 않았을 뿐이다. 어떤 목표에 몰두하면 우리의 뇌는 목표와 관련된 것들만 중요하게 반응하고 나머지 자극들은 무시하는데 이를 '선택적 주의집중Selective Attention'이라고 한다.

언젠가 나처럼 책을 쓰는 게 목표라는 학생 한 명이 내게 물었다. "교수님, 그때그때 해야 할 일이 많은데 목표에서 눈을 떼지 않으려면 어떻게 해야 할까요?" 그래서 나는 그에게 오늘 저녁 할 일이 무엇인지 물었다. 그가 여자친구와 영화를 보기로 했다고 해서 나는 이렇게 말해줬다. "그렇다면 영화를 즐겨라. 그리고 영화를 보면서 책을 쓸 때 그 영화를 어떻게 활용할지 생각하면서 즐겨라."

목적의식을 갖고 산다는 것은 목표만을 생각하고 다른 일을 하지 말라는 것이 아니다. 어디서 누구와 무슨 일을 하든 그 일을 목표와 관련시키고, 목표에서 생각의 끈을 놓지 말라는 것이다. 우리 주변에는 목표달성을 도울 수 있는 소재들이 마치 전파처럼 가득 차 있고, 우리가 안테나를 세우기만 하면 그것들은 우리의 목표달성을 돕기 위해 빠른 속도로 몰려든다. 목표에서 눈을 떼지 않는 사람, 목표의 안테나를 높이 세운 사람은 주변에서 아무리 방해를 해도 원하는 주파수를 잡아낸다.

내 경우도 마찬가지다. 집필이나 강의준비 때문에 한 가지 주제를 깊이 생각하다 보면 어느 순간 아이디어들이 나를 찾아오기 시작한다. TV, 신문기사, 길 가는 행인들이 주고받는 말 등 세상의 모든 일들이 내게 그 주제에 대해 말해주고 싶어 안달하는 것처럼 느껴진다. 한 가지를 오랫동안 생각하면 주변 환경이 모두 훌륭한 스승이 되고, 세상이 우리에게 뭔가를 가르쳐주려고 아우성을 친다. 목표에 대한 생각의 끈을 놓지 않게 되면 그와 관련된 정보들이 마치 자석에 끌리듯 끌려온다.

학생들에게 목표에서 눈을 떼지 않기 위해 할 수 있는 일들을 찾아보라고 하면 몇 가지를 찾아내고 난 후, 금세 더 이상 생각나지 않는다고 말한다. 하지만 시간을 들여 계속 노력을 기울이면 양탄자에서 빵가루를 찾는 것처럼 처음에는 떠오르지 않던 아이디어들이 여기저기서 눈에 띄기 시작한다.

초등학교 시절 미술 시간에 가로수를 그리느라 애먹은 적이 있다. 도저히 똑바로 그릴 수가 없었다. 그러자 선생님께서 말씀하셨다. "가로수를 제대로 그리지 못한 것은 그걸 제대로 관찰하지 않았기 때문이다. 충분히 관찰해라. 그런 다음 본 대로 그려봐라." 정말 맞는 말씀이었다. 나는 오랜 시간 관찰한 후에야 똑바로 선 가로수를 그릴 수 있었다. 그림을 제대로 그리려면 그 대상을 충분히 관찰해야 하듯 방법을 찾아내려면 인내심을 갖고 충분히 생각할 시간을 가져야 한다. 다음은 내 강의를 듣고 난 후 목표에 집중하기 위해 노력하고 있다는 한 취업준비생이 보내온 메일이다.

"컴퓨터를 켜면 인터넷 기사를 먼저 찾아보는 습관이 있습니다. 댓글을 보다 보면 꼬리에 꼬리를 물고 봐야 할 기사가 나타납니다. 인터넷 기본 페이지가 포털 사이트로 설정되어 있기 때문입니다. 그래서 인터넷 시간을 줄이고 공부시간을 늘리기 위해 기본 페이지를 제가 취업하고 싶은 회사의 홈페이지로 설정해놓고 바탕화면에 그 회사 로고를 깔았습니다. 지금 취업준비를 하고 있는데 한번은 너무 공부하기 힘들어서, 밤중에 그 회사의 본사 빌딩으로 갔어요. 그리고 그 빌딩 정문으로 출퇴근하는 제 모습을 떠올려봤지요. 이 회사에 반드시 입사한다는 다짐을 잊지 않기 위해서요. 또 그 회사는 글로벌 기업이라 영어로 생각하는 습관을 들여야 해서 저에게 'Think in English!'라는 예약 문자를 주기적으로 보냅니다."

하루 1퍼센트라도
매일 목표와 관련된 일을 하자

매일 시간을 정해 목표에 대해 생각할 시간을 갖자. 매일 아침 눈을 뜨자마자 목표를 생각하고 할 일을 떠올리자. 잠자리에 들면서도 목표를 떠올리며 그날 했던 일을 점검하자. 하루 중 특정한 시간을 택해 목표를 생각할 시간으로 정해두어도 좋다. 생각할 시간을 정해두면 잊어버릴 염려가 없다. 야구선수 행크 아론Hank Aaron은 이렇게 말했다. "매일 정신없이 연습을 하다 보면 어느 날 야구공이 수박덩어리만큼 크게 느껴진다."

목표를 달성하려면 목표가 시야에서 멀어지지 않게 하고 목표달성이 쉽게 느껴지려면 날마다 그 일을 해야 한다. 성공하는 사람은 아무리 정신없이 바쁘게 지내더라도 장차 이루고 싶은 것이 무엇인지 알려주는 삶의 북극성을 마음속에 품고 산다.

사람들은 눈앞에 닥친 작은 일은 호들갑을 떨면서 과대평가하면서도 10년 후의 중요한 일은 과소평가하는 경향이 있다. 만나지 않아도 될 동창을 만나 떨지 않아도 되는 수다를 떨고 보내지 않아도 될 문자를 보내는 데는 시간을 쓰면서도, 10년 후 미래를 위해 그만큼의 시간을 투자하려는 사람은 의외로 없다. 눈앞의 작은 일들이 눈에 보이지 않는 미래를 위한 중요한 일을 가리고 있기 때문이다.

지금 당장 요란하게 울리는 전화를 받아야 하고 눈앞의 상사가 시키는 긴급한 일에 최선을 다해야 한다. 하지만 아무리 바빠도 미래

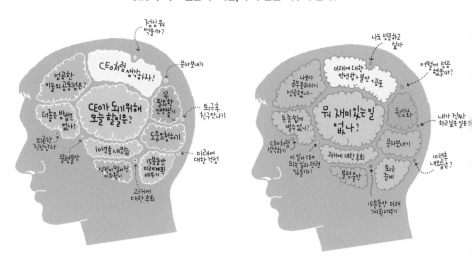

동몽이상(同夢異想: 같은 꿈 다른 생각)
CEO가 되고 싶은 두 사람, 누가 꿈을 이루게 될까?

를 위해 생각할 시간을 가져야 한다. 목표와 관련된 기사 하나라도 읽고 그 분야의 책 한 페이지라도 읽자. 자기 사업을 하고 싶다면 하루 한 명이라도 특별한 관계로 만들기 위해 노력하자.

10년 후에 책을 쓰고 싶다면 하루에 15분만이라도 자료를 수집하고 아이디어를 정리하자. 20년 후 행복한 노후를 보내고 싶다면 배우자와 자녀에게 지금 해야 할 일이 무엇인지 생각할 시간을 갖자. 아무리 눈코 뜰 새 없이 바빠도 매일 잠깐 멈추고 미래를 위해 생각할 시간을 갖지 않으면 어느 날 문득 거울 속에서 초라하게 늙은 노인 한 명과 마주보게 될 것이다. 그리고 이렇게 중얼거릴지 모른다. "이것이 내 인생의 결말이란 말인가?"

하루 15분만 10년 후를 준비하는 시간으로 비축하자. 자신의 미래를 위한 하루 1퍼센트의 시간만은 절대로 아무에게도 뺏기지 말자.

목표에서 눈을 떼지 않으려면
무엇을 하고 누굴 만나야 하는가?

뭔가를 크게 이룬 사람들은 목표에서 눈을 떼지 않기 위한 그들만의 방법을 갖고 있다. 그들은 목표를 잊어버리지 않게 해주는 자극을 갖고 있다. 목표행동을 불러일으키는 자극을 '촉발자극Prompt'이라고 하며, 세 가지 유형이 있다.

첫째, 언어적 및 상징적 촉발자극Verbal & Symbolic Prompt이다. 금연을 원한다면 금연서약서를 작성해 공개적인 장소에 붙이고 대대적으로 선언하자. 해야 할 일을 잊지 않으려면 자신에게 예약문자를 보내고 컴퓨터 바탕화면이나 휴대폰 액정에 해야 할 일의 목록을 올려놓자. 백과사전 세일즈맨으로 시작해 재계 30위권의 웅진 그룹을 일궈낸 윤석금 회장은 지금도 매일 아침 '나의 신조'를 읽는 것으로 하루를 시작한다. 빌 클린턴의 집무실 작은 유리상자 안에는 닐 암스트롱이 달에서 가져온 작은 돌멩이 하나가 있다. 클린턴은 이성을 잃을 수도 있는 상황을 맞이하면 36억 년 전에 만들어진 이 돌멩이를 보면서 장기적인 시각으로 상황을 관찰하고 마음을 다스린다. 어떤 목표를 잊어버리지 않고 싶다면 여러분은 달에서 가져온 암석 대신 주머니에 바둑알 하나를 상징물로 넣고 다니면서 그것이 만져질 때마다 목표를 떠올리면 된다.

둘째, 상황적 촉발자극Situational Prompt이다. 목표와 관련된 기사를 스크랩하면서 취업하고 싶은 회사의 사진을 책상 앞에 붙여보라. 체중을 줄이고 싶다면 돼지 그림을 냉장고에 붙여놓고 먹을 것을 찾을 때마다 "이 돼지야! 또 먹으려고!" 하고 외쳐라. 과도한 컴퓨터 사용으로 눈이 나빠지고 있어 주기적으로 휴식을 취해야 한다면 컴퓨터 타이머 프로그램을 사용하면 된다. 엄마와 덜 다투고 싶다면 결심을 기억하기 위해 결심반지를 끼고 엄마와 통화할 때마다 그 반지를 들여다보자. 미소를 늘리고 싶다면 웃는 사진을 걸어놓고, 운동을 오래 하고 싶다면 신나는 음악과 함께 하자. 실제로 음악을 듣고 운동을 하면 평균 15퍼센트 이상 오래 하게 된다.

셋째, 사회적 촉발자극Social Prompt이다. 목표가 같은 사람과 함께 있으면 목표를 잊어버릴 가능성이 적다. 공부하고 싶으면 공부를 잘하는 친구와 어울리고, 부자가 되려면 부자가 될 사람과 어울려야 한다. 날씬한 사람과 함께 있으면 날씬해지고 뚱뚱한 사람과 함께 있으면 뚱뚱해질 가능성이 많다. 실제로 하버드 의과대학의 니콜라스 크리스타키스Nicholas Christakis 교수팀은 32년간 1만 2,067명을 대상으로 조사한 결과 자신의 친구가 뚱뚱해지면 따라서 뚱뚱해질 확률이 뚱뚱하지 않은 친구를 둔 경우보다 무려 57퍼센트나 더 높다는 사실을 밝혀냈다. 괴테는 이런 말을 했다. "그대가 누구와 교제하고 있는지 나에게 말해보라. 그러면 나는 그대가 어떤 사람인가를 말해주겠다."

무엇을 원하는지 목표를 확실하게 결정하자. 목표에서 눈을 떼지 말고 목표와 관련된 생각의 끈을 놓지 말자. 목표가 머릿속을 확실히 지키고 있으면 불가사의한 힘을 발휘한다. 토끼와 거북이의 경주에서 거북이가 이긴 이유는 무엇일까? 이미 알고 있듯이 토끼가 거북이를 깔보고 낮잠을 잤기 때문이다. 하지만 이 이야기는 조금 다른 관점에서 볼 필요가 있다. 거북이가 승리한 진짜 이유는 토끼가 경쟁자인 거북이만 보고 경주에 임한 반면, 거북이는 오직 정상에 올라 깃발을 꽂는 것만 생각했기 때문이다. 만약 거북이가 경쟁자 토끼를 의식했다면 애시당초 그 게임에 참여조차 하지 않았을 것이다. 주변 경쟁자들을 의식하면서 일희일비하지 않고 뚜벅뚜벅 향하고 있는 그대가 깃발을 꽂고 싶은 정상은 어디인가? 생각의 끈을 놓지 않고 날마다 뭔가 행하고 있는 그대의 5년, 10년 후 목표는 무엇인가? 그 목표를 달성하기 위해 어떤 생각들로 그대의 머리를 채워야 하겠는가?

Stop: 목표를 세우거나 다짐을 하고도 다른 일 때문에 잊어버리고 제대로 실천하지 못한 일들을 찾아보자.

_____

_____

_____

_____

Think: 지금부터라도 반드시 달성하고 싶은 목표 한 가지를 골라보자.

_____

_____

_____

_____

Action: 그 목표에서 눈을 떼지 않기 위해 내가 사용할 수 있는 방법 한 가지를 찾아 당장 실천하자.

_____

_____

_____

_____

그러면 활을 쏘아라! ···

어떤 명궁名弓이 두 제자와 함께 숲에 갔다. 두 제자는 화살을 당겨 멀리 있는 과녁을 향해 쏠 준비를 했다. 그때, 스승이 그들을 중단시키고 무엇을 보았는지 물었다. 첫 번째 궁수가 대답했다. "위로 하늘과 구름이 보이고, 밑으로는 들판과 풀밭이 보입니다. 숲에는 참나무, 밤나무, 소나무도 보입니다. 또……" 스승은 그의 말허리를 잘랐다. "활을 내려놓아라. 너는 오늘 쏠 준비가 되어 있지 않구나." 두 번째 궁수에게 물었다. "너는 무엇이 보이느냐?" "과녁 중앙에 있는 점 외에는 아무것도 보이지 않습니다." "그러면 활을 쏘아라." 그가 쏜 화살은 과녁의 정중앙에 바로 꽂혔다. (《행복한 동행》 2005년 12월호 중에서)

지금부터 내가 눈을 떼지 말아야 할, 내 삶의 가장 중요한 목표는 무엇인가?

사자는
쉬운 사냥감이
나타난다해도
한번 정한
목표물을 바꾸지
않는다
선택과 집중이
그를 사자이게 한다

비즈니스도
인생도
마찬가지!

한 발 더 나아가라
그 한 발 차이로 승부가 결정된다

포기하면 안 되는 경우가 두 가지 있다.
'포기하고 싶을 때'와 '포기하고 싶지 않을 때!'
- G.S. 레이드

"친한 친구의 흉을 본 적이 있습니다. 그런데 그 친구가 나중에 알고 무척 화를 냈습니다. 평소의 그답지 않게 너무 심하게 화를 내서, 당황스러운 나머지 저도 모르게 욕이 튀어나왔습니다. 저도 놀랐고, 그 친구도 놀라 그 자리에서 뛰쳐나 갔습니다. 그 후로 몇 번 사과했지만 받아들여지지 않았습니다. 사과를 할수록 친구의 마음은 더욱 단단해지는 것 같았습니다. 그 후로도 몇 번 화해를 시도했 는데 그 친구가 받아들이지 않았고, 저 또한 점점 지쳐 포기해버렸습니다. 하지 만 무척 친하게 지냈던 친구라 몇 년이 지난 지금도 그때 일을 생각하면 마음이 아픕니다. 교수님, 저는 어떻게 해야 할까요?"

- 말 실수 때문에 친한 친구를 잃고 슬픔에 잠긴 20대 직장인

사람들은 몇 번이나
거절을 당하면 포기할까?

아무리 노력해도 하는 일에 성과가 나타나지 않을 때, 아무리 정성을 쏟아도 상대가 변하지 않을 때 이렇게 중얼거리면서 그만두는 사람들이 많다. "할 만큼 해봤어. 더 이상 어떻게 할 수가 없어." "에잇, 안 해!" 그러면서 그 일에서 손을 뗀다. 그런데 살다 보면 이런 생각이 들 때도 많다. '한 번만 더 조르면 만나 주려고 했는데……' '한 번만 더 사과하면 용서해주려고 했는데……' '한 번만 더 부탁하면 들어주려고 했는데……' 중도에 그만둔 사람들, 그들은 포기하기로 결심할 때 성공이 바로 코앞에 있다는 사실을 깨닫지 못한다.

세일즈맨들은 몇 번이나 거절을 당하면 포기할까? 미국의 마케팅 리서치 회사인 다트넬Dartnell의 조사결과에 따르면 단 한 번만 거절을 당해도 그 고객을 포기해버리는 사람이 무려 48퍼센트나 되었다. 두 번 거절당한 다음에 포기한 사람은 25퍼센트였으며 세 번까지 권유했다 포기하는 사람은 15퍼센트였다. 결국 세 번만 거절을 당하면 88퍼센트의 세일즈맨들은 그 고객을 포기해버린다. 그러므로 세 번 이상의 거절에도 포기하지 않는 사람은 겨우 12퍼센트에 불과하다는 결론이 나온다.

그러면 세 번 이하의 거절에 포기해버린 88퍼센트와 나머지 12퍼센트의 세일즈맨 중 어느 쪽이 매출을 더 많이 올릴까? 말할 것도 없이 12퍼센트에 해당하는 후자들이며 그들이 전체 매출의 80퍼센트 이상을 올린다. 이 조사결과를 보고 여러분이 내린 결론은 무엇인가? '포기하지 않고 끈질기게 도전하면 더 많은 것을 얻는다.' 만약 이것이 여러분이 내린 결론이라면 그것만으로는 부족하다. 그건 너무 뻔한 결론이기 때문이다. 생각의 범위를 조금 더 넓혀 중도에 포기한 사람들과 계속 도전할 수 있는 사람들의 마음속에 깔려 있는 심리적 메커니즘의 차이가 무엇인지를 찾아봐야 한다.

대부분의 사람들은 인간관계에서든 비즈니스에서든, 몇 번의 시도에도 상대의 태도가 달라지지 않으면 앞으로도 변화가 없을 것으로 판단한다. 그래서 더 이상의 노력이 무의미하다고 생각해 도전을 포기한다. 그러나 소수의 차별화된 사람들은 다르다. 난공불락의 요새처럼 요지부동의 상대방을 대할 때도 포기하지 않고 계속 도전한다. 그들은 상대가 겉으로는 전혀 변화가 없는 것처럼 보여도 시도할 때마다 그 내면에서는 조금씩 변화가 일어날 것이라고 믿는다. 포기하지 않고 지속적으로 노력하다 보면 반드시 언젠가는 상대방의 태도가 바뀌는 순간, 즉 임계점Critical Point이 도래한다고 가정한다.

지푸라기 하나로
코끼리를 쓰러뜨릴 수 있을까?

지푸라기 하나로 코끼리 등뼈를 부러뜨릴 수 있을까? 말도 안 된다는 생각이 들 것이다. 하지만 임계점을 가정한다면 얼마든지 가능한 일이다. 처음에 지푸라기 하나를 코끼리 등에 올린다면 코끼리는 아무런 무게도 느끼지 못한다. 하지만 하나 둘 쌓아가다 보면 언젠가 코끼리가 더 이상 견딜 수 없는 순간이 도래한다. 바로 그 순간 지푸라기 하나를 더 추가하면 코끼리가 더 이상 견디지 못하고 쓰러진다. 바로 그 순간을 '임계점'이라고 한다.

증기기관을 움직이려면 물에 열을 가해 수증기를 만들어내야 한다. 섭씨 0도의 물에 열을 가하기 시작해 10도, 20도, 30도⋯⋯ 아무리 열을 가해도 겉으로 보기에는 그냥 물일뿐이다. 99도가 될 때까지는 질적으로 아무런 변화가 일어나지 않는다. 섭씨 99도에서 섭씨 100도가 되는 바로 그 순간, 액체인 물은 순간적으로 질적 변화를 일으켜 기체가 된다. 이것이 바로 임계점이다.

히로시마에 투하된 원자폭탄은 그 지역을 완전히 불바다로 만들어 제2차 세계대전을 끝냈을 정도로 가공할 위력을 갖고 있는 무기다. 그런 원자폭탄 역시 핵반응이 시작되는 그 순간, 즉 임계질량만큼 원자가 채워질 때까지는 안전하다. 그러나 임계점에 다다르는 순간 폭발하고 엄청난 위력을 드러낸다.

대나무 중에 최고로 치는 모죽毛竹은 씨를 뿌린 후 5년 동안 아무리 물을 주고 가꾸어도 싹이 나지 않는다. 하지만 그 시기가 지나면 어느 날 손가락만 한 죽순이 돋아나 주성장기 4월이 되면 갑자기 하루에 80센티미터씩 쑥쑥 자라기 시작한다. 모죽이 그렇게 어느 날부터 쑥쑥 자랄 수 있는 것은 5년의 긴 세월 동안 땅속 보이지 않는 곳에서 성장의 준비를 했기 때문이다.

공부든 사업이든 인간관계든, 성과를 내기 위해서는 그에 상응하는 준비기간이 필요하다. 임계점의 원리는 분자반응과 같이 미시적인 수준에서부터 식물의 성장, 우리 삶의 성공과정에 이르기까지 모든 물리적 및 정신적 변화과정에 적용되는 일반적인 현상이다.

임계점에 도달하기 전에는 아무리 에너지를 가해도 가시적인 변화가 나타나지 않는다. 그래서 수많은 사람들이 성공을 눈앞에 두고 포기한다. 실패하는 사람들에게는 공통점이 있다. 세상의 모든 변화에는 임계점이 존재한다는 사실을 가정하지 못한다는 것이다. 포기하는 그 순간, 성공이 바로 코앞에 있다는 사실을 깨닫지 못한다는 것이다.

기우제를 지내면
반드시 비가 내리는 까닭

1997년부터 2006년까지 10년 동안 무려 310조 원을 벌어들인 《해리포터》 시리즈의 저자 조앤 롤링 Joanne Rowling은 처음 책이 출간될 때까지 모두 12군데 출판사로부터 거절당했다. 전 세계 47개 이상의 언어로 번역되어 1억 부 이상이 팔려나간 잭 캔필드 Jack Canfield 와 마크 한센 Mark Hansen 의 《영혼을 위한 닭고기 수프》 역시 출판될 때까지 무려 33개 출판사로부터 거절당했다. 100편이 넘는 소설을 써서 2억 부 이상을 판매한 루이스 라모르 Louis L'Amour 는 첫 원고의 출판을 무려 350번이나 거절당했다. 나중에 탁월한 공로를 인정받아 작가로서는 처음으로 미국 의회로부터 특별훈장을 받은 그는 이렇게 말했다. "모든 것이 끝났다고 여겨지는 순간이 있다. 하지만 그때가 곧 시작이다." 롤링이 12번째 거절을 당하고 출판을 포기했더라면, 루이스 라모르가 350번째 거절당하고 모든 것이 끝났다고 글쓰기를 포기했더라면 우리는 지금 그들의 이름을 기억하지 못할 것이다.

한때 스포츠 기자였으나 대중연설가로 이름을 날린 스티브 챈들러 Steve Chandler 는 어떻게 스포츠 기자가 될 수 있었는지를 다음과 같이 밝히고 있다. "신문사에 지원서를 냈지만 모두 거절당했다. 그들은 내가 경험이 없기 때문이라고 했다. 그게 뭐 그리 중요하냐고 물었을 때, 그들은 웃으면서 '당신이 스포츠 기사를 쓸 수 있을지 없을지 우리는 알 수 없잖아요'라고 말했다. 애리조나 주의 어떤 신문사에 지원했을 때 문득 머릿속을 스치는 생각이 있었다. 내가 경험이 없기 때문이 아니라 내가 기사를 쓸 수 있는 사람인지를 그들이 확신할 수 없기 때문에 뽑지 못했을 거라는 생각이 들었다. 그들은 나 말고도 네 명을 더 인터뷰했고, 결정을 내리기까지 한 달의 시간이 걸린다는 사실을 나는 알고 있었다. 나는 날마다 신문사 부장에게 편지 한 통씩을 보냈다. 그날그날의 스포츠 뉴스에 초점을 맞추면서 내가 얼마나 훌륭하게 동료 역할을 해낼 수 있는지 알리는 데 주력했다. 한 달 후, 부장으로부터 전화가 왔다. 두 명의 후보를 뽑았는데 내가 그중 한 명이라는 것이었다. 마지막 면접 날, 그는 내게 이 한 가지 질문만 했다. '스티브, 물어볼 게 있는데 자네 취직하면 편지 그만 보낼 거지?' 훗날 그는 내가 매일 보냈던 편지가 그의 마음을 움직였다고 말했다."

상대방의 계속되는 거절에 너무 쉽게 단념하지 말자. 다른 사람들이 알아주지 않는다고 너무 일찍 절망하지 말자. 고객에게 아무리 친절히 대해도 매출이 늘지 않는다고 섣불리 포기하지 말자. 자녀들이 우리의 사랑을 이해하지 못한다고 해서 너무 일찍 섭섭해하지 말자. 하고 있는 일에 성과가 나지 않는다고 중도에 포기하지 말자. 할 만큼 했다는 생각이 들 때, 더 이상 가능성이 없다는 생각에 포기하고 싶어질 때 명심할 일이 있다.

첫째, 모든 가능성을 다 시도했다 할지라도 여전히 가능성은 남아 있다는 것이다. 둘째, 가시적인 변화가 겉으로 드러나지 않는다고 해도 내면에서는 조금씩 변화가 일어나고 있다는 것이다. 셋째, 계속 시도하다 보면 '이 상태'에서 '저 상태'로 갑자기 바뀌는 순간, 즉 임계점이 도래한다는 것이다.

아메리카 인디언 제사장인 레인메이커가 기우제를 지내면 반드시 비가 왔다고 한다. 레인메이커는 한 번도 실패한 적이 없었다. 어떻게 그런 일이 가능할까? 그의 정성에 하늘이 감동했기 때문일까? 그가 비를 내리는 비법을 알고 있었기 때문일까? 아니다. 그는 한 번 시작하면 비가 올 때까지 끈질기게 기우제를 지냈기 때문이다.

할 만큼
다 해봤다고?

사실 거절당하는 것을 좋아할 사람은 이 세상에 없다. 하지만 거절당하는 것을 대수롭지 않게 여기고, 크게 상처를 받지도 않는 사람들이 있다. 그들은 거절에 상처를 받고 극도로 예민

한 반응을 보이는 사람들과 다르다. '평균의 법칙Law of Average'을 알고 있기 때문이다.

언젠가 졸업생 한 명이 찾아왔다. 그는 자동차 세일즈를 하는데 무척 힘들어했다. 지난 몇 주 동안 차를 한 대도 팔지 못했고 자신은 할 만큼 다 해봤는데도 너무 성과가 나지 않는다며 한숨을 쉬었다. 그래서 나는 그에게 물었다. "평균 몇 번쯤 실패하고 난 다음에 계약이 성사되나?" "글쎄요. 굳이 계산을 해본다면 20번쯤 만나야 한 대를 팔 수 있는 것 같은데요." 나는 그에게 이렇게 말해주었다. "20번씩이나 거절을 당한다고 생각하면 무척이나 괴로울 테지. 하지만 평균 20번의 시도 끝에 한 번 성공한다고 하면, 거절당할 때마다 계약이 성사되었을 때 얻는 수입의 20분의 1씩 벌고 있다고 생각해보면 어떻겠나? 이것이 바로 평균의 법칙이라네."

세일즈맨으로 출발해 동기부여 분야 명강사로 일하고 있는 리사 히메네스Lisa Jimenez는 이렇게 말했다. "가만히 생각해보니 고객 10명을 만나면 그들 중 한 사람의 비율로 200달러짜리 물건을 샀습니다. 10대1이었던 것이지요." 그 후 그는 고객들에게 전화를 해서 그들이 "싫어요!"라고 거절하는 순간마다 "와! 20달러 벌었다!"라고 속으로 외쳤다. 한 건을 성사시켜 10만 원의 수수료를 받으려면 고객에게 전화 10번을 해야 한다고 치자. 그러면 전화 한 통화는 1만 원의 가치가 있다. 거절당할 때마다 1만 원씩 버는 동시에 일의 성사를 향해 10분의 1씩 더 다가가는 셈이 된다.

어느 날 대학생인 아들이 평소보다 일찍 집에 들어왔다. 나는 막 산책을 나가려던 참이었는데 아이와 함께 산책을 한 지도 오래된 것 같아 이렇게 말했다. "아빠랑 탄천에 가자." 그러자 아들은 한마디로 거절했다. "아빠, 저 지금 피곤해요. 나중에 갈게요." 나는 조금 있다 다시 아이 방으로 갔다. "엄마도 너하고 같이 가고 싶다는데 함께 가자." 그러자 아이는 이렇게 말했다. "그럼, 엄마랑 두 분이 다녀오세요." 조금 있다가 다시 갔다. "너 안 가면 엄마도 안 간다는데?" "아이 참, 오늘은 가기 싫은데 나중에 갈게요." 다시 한 번 갔다. "이런 기회가 항상 있는 거 아니다. 지금 안 가면 틀림없이 나중에 후회하게 될 거다. 지금 4학년이니까 금방 졸업하고 그러면 취업하고 그러다 보면 장가가고 언제 엄마, 아빠, 너 이렇게 셋이서 오붓하게 산책을 가겠니?" 그러자 아들이 말했다. "걱정 마세요. 조만간 그런 기회를 만들게요." 나는 조금 있다 또다시 갔다. "야, 아빠가 만 원 줄게!" 아들은 어이가 없다는 듯이 웃으면서 이렇게 말했다. "아빠도 참, 제가 돈 만 원 때문에 가겠어요? 지금 용돈도 남아 있어요." 그래서 나는 이렇게 다시 제안했다. "그럼 우리 산책하고 오다 저 밑에 생맥주집 생겼던데 거기서 맥주나 한잔 하고 오자." 그제야 아이는 체념한 듯 "알았어요. 가요" 하고 따라나섰다. 마지못해 따라나서는 것 같았지만 결코 못마땅한 표정은 아니었다.

과연 아이는 돈 만 원 때문에 따라나섰을까? 생맥주 한잔 때문에 태도를 바꿨을까? 나는 아니라고 생각한다. 그 정도면 태도를 바꿀 수 있는 명분이 마련되었다고 생각해서일 가능성이 더 크다. 한 번 거절하고 나면 그 결정을 여간해서 바꾸기 어려운 게 사람의 마음이다. 사람은 누구나 일관성을 유지하고자 하는 본성이 있기 때문이다. 자기 생각을 쉽게 바꾸면 줏대가 없는 사람이라거나 변덕쟁이라는 말을 곧잘 들을 수 있기 때문이다. 또, 이런 생각 때문에 끝까지 자기의 생각을 고집할 수도 있다. '지금까지 버티고 있던 태도를 갑자기 바꾸면 그동안의 나는 도대체 뭐가 되냐고!' 그래서 사람은 한 번 싫다는 것은 여간해서 의견을 바꾸기가 어렵다.

　　그러나 성의를 갖고 충분히 명분을 제공하기만 하면 상대방의 태도가 의외로 쉽게 바뀌는 경우가 많다. 바로 그 순간이 태도변화의 임계점이다. 겉으로 보기에는 아무런 변화가 없는 것처럼 보여도 계속 성의를 보이면서 명분을 제공하면 상대방의 내면에서 조금씩 변화가 일어난다. 그러다 어느 순간, 명분이 충분히 축적되었다고 생각되는 바로 그때, 변화가 겉으로 나타난다. 임계점의 순간이다. 하지만 대부분의 사람들은 이 임계점의 순간을 기다리지 못하고 포기하고 만다.

🖉 요지부동의 상대 설득하기

- **Step1 : 상대방의 입장에서 생각하자_** 쥐를 잡으려면 쥐처럼 느껴야 하고 물고기를 잡으려면 물고기처럼 생각해야 한다. 얻어낼 것만 생각하지 말고, 제공할 것을 먼저 찾아보자. 자기중심적인 사고에서 벗어나자.

- **Step2 : 임계점을 가정하되 같은 방법을 반복하지 말자_** '열 번 찍어서 안 넘어간 나무 없다'는 속담의 속뜻을 새기되, "같은 방법을 반복하고도 다른 결과를 기대하는 사람은 정신병자"라는 아인슈타인의 말을 명심하자.

- **Step3 : 명분과 이유를 제공하자_** 인간은 이유를 찾는 존재이다. 누군가의 태도를 바꾸고 싶다면 반드시 그에 상응하는 이유를 제공해야 한다. 상대방이 우리의 말에 귀를 기울이고 기꺼이 태도를 바꾸고 싶도록 명분을 제공해야 한다.

사람은 결코 실패하지 않는다. 하다가 중도에 그만둘 뿐이다. 하던 일에서 성과가 나타나지 않을 때, 자녀들을 설득할 때, 불만고객의 기분을 돌리기 위해 노력할 때 그대는 몇 번이나 시도했다 포기를 하는가? 그들의 임계점은 어디일까? 중국 속담에 이런 말이 있다. '느린 것을 두려워하지 말고 중도에 그만두는 것을 두려워하라.' 리처드 닉슨Richard Nixon은 이렇게 말했다. "인생은 실패했을 때 끝나는 게 아니라 포기할 때 끝나는 것이다." 성경 역시 이렇게 가르치고 있다. "우리가 잘 행하다가 지치지 말지니 낙심하지 아니하면 정하신 때가 되어 거두리라."(갈라디아서 6장 9절)

더 이상 가능성이 없다고 생각해 포기했던 일은 무엇인가? 포기했지만 임계점을 가정하고 다시 도전해야 할 일은 무엇인가?

Stop: '할 만큼 했기 때문에 더 이상 해봐야 소용이 없다'고 생각해 포기했던 일 한 가지만 찾아보자.

_____

_____

_____

Think: 그런 상황에서도 끝까지 포기하지 않고 도전해서 원하는 것을 얻는 사람들이 있다. 그들은 나와 어떤 점에서 다른가?

_____

_____

_____

Action: 그동안 설득하기를 포기했던 사람 한 명을 골라 그에게도 임계점이 있다는 것을 가정하고 그를 변화시킬 수 있는 방법들을 찾아보자.

_____

_____

_____

_____

960번만에 운전면허를 따다

전북 완주에 사시는 69세의 할머니 한 분이 64세부터 운전면허 시험에 도전해 5년만인 2010년 4월에 드디어 운전면허를 취득했다. "혼자 산께(사니까), 적적해서. 인자 여기저기 놀러갈 수도 있고, 긍께(그러니까) 동물원에도 가고, 딸네 집에도 가고, 아들네 집에도 가고 할라고……. 아따, 근디(그런데) 사람들이 나를 보면 미쳤다고 하고 무섭다고도 한다드만 잉." 할머니는 2005년 4월 첫 필기시험 이후 필기시험 950번, 기능·도로주행 시험을 10번 치러 총 960번의 시도 끝에 면허를 취득한 것이다. 도전의지를 갖게 된 계기를 묻는 기자에게 그녀는 이렇게 말했다. "면허시험 문제집을 보니까 65세도 5년만 하면 합격한다고 그래요. 그래서 계속 봤지. 진짜 딱 5년 만에 땄잖아." 주말과 국경일을 제외하

960번은
아무것도 아녀!
에디슨은
전구발명하려고
3000번을
실패했댜!
포기하지만
않으면
되는겨!

960번 만에
딴 찬란한
운전면허증

고는 매일 시험을 보러 다녔지만 점수는 30~50점을 넘지 못했다. 차비만 매주 12만 3천 원꼴, 인지대가 회당 6천 원씩 지금껏 총 960만 원 정도 들었다고 한다. 잡곡이나 쑥을 뜯어 시장에서 파는 할머니는 비용을 마련하기 위해 아파트 청소 등 '투잡' 까지 했다고 한다. 이제 차를 사는 게 순서라는 할머니의 이름은 공교롭게도 '차사순' 이었다. (〈한국일보〉, 2010년 5월 7일자)

이 할머니처럼 내가 간절히 원하는 것은 무엇이고, 나는 그것을 위해 몇 번이나 도전해볼 생각인가?

실행력을 가르쳐라
실천이 쉬워진다

허리를 굽혀 다른 이들이 일어서도록 도와주려면, 자신도 일어설 수밖에 없다
– 로버트 이안 시모어

"샤워를 방금 마친 기분으로 교수님께 메일을 씁니다. 3년 전 알코올 중독 병원에 입원해 있을 때, 교수님 책에서 알코올 중독자 아버지 밑에서 함께 자란 두 아들이 완전히 상반된 삶을 살게 된 이유를 읽고 많은 것을 깨닫게 되어 몇 년 전 교수님께 처음 메일을 썼습니다. 그동안 저는 성실하게 치료를 받고 마침내 퇴원하게 되었습니다. 하지만 완전금주가 가능하다는 치료진과 제 자신의 믿음은 얼마 안 가 또다시 입원하면서 완전히 무너졌습니다. 그리고 입·퇴원을 반복하면서 자살을 시도한 적도 몇 번 있었습니다. (중략) 그러나 이젠 정말 달라졌습니다. 36세의 늦은 나이지만 사이버 대학에 입학했습니다. 그리고 과대표와 학생회 부회장을 맡았습니다. 일 때문에 술자리를 2차, 3차까지 가도 이제는 술을 이겨낼 수 있습니다. 돌아보니 다른 사람에게 술 끊는 방법을 가르쳤던 게 제가 술을 끊는 데 가장 큰 도움이 됐습니다."

– 알코올 중독을 극복한 30대 남성

저는 결국 술 때문에
죽게 되겠죠?

어느 날, 알코올 중독에서 깨어난 빌이 의사에게 물었다. "저는 결국 술 때문에 죽게 되겠죠?" 의사가 진지하게 대답했다. "빌, 안타깝게도 이제 얼마 남지 않았어요." "그렇군요! 기분 전환을 위해 딱 한 잔만 마시고 싶은데요." "좋습니다. 그런데 부탁이 하나 있습니다. 옆 병실에 새로 입원한 소년에게 당신의 끔찍한 모습을 보여줄 수 있겠습니까? 그에게 겁을 줘서 다시는 술을 마시지 않게 하려는 겁니다." 빌은 순순히 동의했다. 그리고 소년을 찾아가 술을 왜 끊어야 하는지 진지하게 설명하기 시작했다. 그러는 도중, 그는 자신의 말에 스스로 감동했다. 자기 병실로 돌아온 빌은 의사에게 술을 요청했다는 사실을 까맣게 잊어버렸다. 그 일을 계기로 그는 완전히 술을 끊었고 나중에 단주동맹을 설립했다. 그가 바로 빌 윌슨Bill Wilson이다.

어떻게 이런 일이 일어날 수 있을까? 누군가를 돕고 다른 사람을 가르칠 때 우리 자신에게 놀라운 변화가 일어나기 때문이다. 남을 도우면서 도움을 받고 누군가를 가르치면 더 많이 배우게 되는데, 거기에는 몇 가지 이유가 있다.

첫째, 가르치는 과정에서 노하우를 더 많이 터득하기 때문이다.

사람들은 모르는 것은 남에게 가르칠 수 없고, 자신을 설득할 수 없으면 다른 사람도 설득할 수 없다는 사실 역시 잘 안다. 그래서 누군가를 가르쳐야 할 때 더 많이 배우게 되고 누군가를 설득해야 할 때 그 이유를 더 많이 찾아낸다. 결과적으로 누군가를 가르치게 되면 훨씬 더 많은 것을 배우게 된다. 실천방법을 가르치게 되면 실천 노하우를 더 많이 확보할 수밖에 없기 때문에 실천 가능성도 높아진다.

둘째, 누군가를 가르치다 보면 거기에 걸맞게 자기를 규정하기 때문이다. 사람들은 누구나 이미지에 걸맞는 행동을 하려고 애쓴다. 반장이 되면 반장에 걸맞게 행동하고, 장교로 임관하면 장교처럼 행동하게 된다. 누군가를 가르치면 알게 모르게 '나는 이런 것을 가르친 사람인데……' 하면서 자신을 이전과는 다르게 규정하게 된다. 자기 규정이 달라지면 당연히 행동이 달라진다. 단주동맹 멤버들은 하나같이 남을 돕는 과정을 통해 실천의지가 더욱 확고해진다고 말한다.

셋째, 말과 행동을 일치시키려고 하기 때문이다. 사람들은 생각에 없는 말이라도 일단 입 밖으로 뱉어낸 다음에는 거기에 맞게 행동하려는 경향이 있다. 자기가 가르친 대로 행동을 하지 않아 말과 행동이 불일치하게 되면 결국 부조화 상태가 되어 스트레스를 겪게 된다. 앞서 언급했던 인지부조화 이론에 의하면 스트레스에서 벗어나는 가장 효과적인 방법은 자기가 했던 말에 행동을 일치시켜 인지적 조화상태를 유지하는 것이다. 그러면 실천 가능성이 높아진다.

아이들을 변화시키는 것도 그들이 누군가를 가르치게 하는 방법만큼 효과적인 것은 없다. 다음은 말썽꾸러기 학생을 맡아 고충을 호소해왔던 한 초등학교 선생님이 보내온 메일이다.

"저희 반에는 늘 삐딱하고 말썽만 부리는 아이가 있습니다. 그래서 교수님께서 조언해주신 대로 그 말썽꾸러기에게 도움을 청해보기로 했습니다. '너는 선생님보다 글씨체가 예쁘니까 수업에 쓸 단어카드를 좀 만들어줄 수 있겠니?' 그러자 아이는 시큰둥한 표정으로 마지못해 응하는 것 같았습니다. 그런데 놀랍게도 다음날 예쁘게 만든 카드 한 묶음을 가져왔지 뭡니까. 그래서 알파벳을 예쁘게 쓸 수 있는 방법을 친구들에게 가르쳐주지 않겠느냐고 다시 부탁해봤어요. 아이는 흔쾌히 수락하고 그 일도 거뜬히 해냈답니다. 그 후부터는 교사들에 대한 삐딱한 그 아이의 태도와 친구들에 대한 폭력적인 행동이 거짓말처럼 사라졌습니다."

가르치고 배우면서
서로 성장한다

유교 경전인 《예기禮記》에서는 가르침을 통해 더 많이 배우게 된다는 사실을 '교학상장(敎學相長, 가르치고 배우면서 서로 성장한다'이라는 말로 정리하고 있다. 유대인들 역시 교학상장의 의미를 오래전부터 교육에 활용하고 있다. 그들은 초등학교 학생들에게 그보다 어린 유치원 아이들을 가르치도록 한다. 그들의 말인 히브리어에는 '가르친다'는 단어와 '배운다'는 단어는 동일한 어근 '라마드'를 사용하고 있다. '가르친다'는 뜻을 갖고 있는 능동형인 '라마드'가 수동형 '라메드'로 바뀌면 '배운다'는 뜻이 되어 '가르쳐야 배울 수 있다'는 의미를 내포한다.

더 많이 배우고 싶은가? 그러면 배운 것을 남에게 가르치면 된다. 나는 학생들을 대상으로 강의를 하면서 많은 것을 깨닫고, 독자들을 대상으로 글을 쓰면서 더 많은 것을 배운다. 우리 모두는 가르치면서 배운다. 위로하면서 위로를 받고 도와주면서 도움을 받는다. 언제, 누구에게, 무엇을 가르쳐야 할까? 바로 지금, 곁에 있는 사람에게 이 책에서 읽은 것 중 한 가지를 알려주자. 그것이 시작이다.

가르치는 것을 너무 거창하게 생각할 필요는 없다. 책을 읽거나 강의를 들으며 메모해둔 것을 식사할 때 가족들에게 이야기해주고, 회사에서 프레젠테이션을 할 때 활용하고, 고객에게 메일로 보내주는 것, 그런 작은 일로 우리는 얼마든지 누군가를 가르칠 수 있다. 신문이나 책을 통해서, 강의나 방송을 통해서 뭔가 배웠다면 그냥 그 내용에 자기 생각을 조금 더해 자연스럽게 말해주면 된다. 그런 과정에서 다른 사람의 지식은 내 일상으로 들어와 내 것으로 다시 태어난다.

나는 내 수강생들에게는 어떤 식으로든 다른 사람들을 가르칠 수 있는 기회를 주려고 애쓴다. 발표를 시킬 때도 자신을 학생이 아니라 교수라고 생각하면서 '발표'가 아니라 '강의'를 해보라고 한다. 그러면서 이렇게 말해준다. "가장 확실하게 배울 때는 다른 사람을 가르칠 때다." 지도학생 한 명이 어떤 책을 읽고 있다고 메일을 보내와 그 책을 다 읽고 난 다음 그 내용을 통해 배운 것을 나에게 가르쳐달라고 요청했다. 그러자 곧바로 이런 답장이 왔다.

> "교수님 메일을 읽자마자 '제가 감히 교수님을 어떻게…' 라는 생각이 들면서 모든 게 달라졌어요. 잠이 오지 않을 때나 공부하다 지루해지면 누워서 편하게 읽었는데, 지금은 책상에 앉아 읽고 있습니다. 자세뿐 아니라 읽는 방법도 달라졌어요. 서문부터 다시 읽고, 그냥 지나칠 법한 문장도 "나를 가르쳐라!"라는 교수님 메일 제목이 떠올라 메모를 하면서 읽게 됩니다."

누군가에게 더 많이 가르쳐주고 싶다면 그에게 가르쳐달라고 부탁하자. 자녀들이 더 많은 것을 배우길 원한다면 그들에게 가르쳐달라고 부탁하자. 직원들의 실천력을 키워주고 싶다면 그들에게 실천 방법을 가르칠 기회를 제공하자.

중학생이던 필자의 딸이 어느 날 수학문제가 잘 안 풀린다면서 내게 도움을 청해왔다. 나는 한참을 들여다본 다음(사실은 문제를 보는 순간 내가 풀 수 없다는 사실을 깨달았지만), "잘 모르겠다"고 말했다. 그러자 아이는 "아빠, 대학교수 맞아?"라고 실망한 듯 물었다. 그래서 나는 "응, 교수가 맞긴 하지만 그 문제는 못 풀겠다"고 솔직하게 대답하고 이렇게 부탁했다. "그 문제 선생님께 여쭤보고 나중에 아빠한테도 어떻게 푸는지 좀 가르쳐줄래?" 다음날 아이는 나를 불러놓고 차근차근 그 문제를 풀어줬다. 그런 일이 있고 난 후, 아이는 혼자 공부할 때도 화이트보드를 갖다놓고 학생들을 가르치는 선생님 흉내를 내며 공부할 때가 많았다. 그래서인지 수학은 지금 내 딸이 가장 좋아하는 과목 중 하나가 되었다.

가르치도록 요청하는 것은 상담에서도 매우 유용하다. 부부문제를 겪고 있는 내담자들에게 나는 이렇게 묻곤 한다. "당신 자녀가 결혼해서 당신과 똑같은 문제를 겪고 있다면 어떤 조언을 해주시겠습니까?" 그러면 다들 예상보다 훨씬 멋진 해결책을 내놓는다. 그럴 때면 나는 이렇게 답을 되돌려준다. "그럼 지금 말씀하신 그대로 실천하십시오."

그러면 대부분 잠시 당황하지만, 내가 조언할 때보다 훨씬 더 효과적으로 문제를 해결한다. 어떻게 이런 식의 상담이 효과를 발휘할 수 있을까? 문제를 갖고 있는 사람들 속에 문제해결에 필요한 것이 이미 잠재되어 있기 때문이다. 다른 사람에게 조언할 수 있다는 것은 이미 우리 안에 훌륭한 해결책이 있다는 것을 의미한다. 내담자들 속에 잠재된 해결책이 스스로 문제를 해결하도록 돕는 가장 효과적인 방법은 그들에게 누군가를 가르치도록 요청하는 것이다.

> ✏️ **효과적인 가르침의 3단계**
>
> • **Step1 : 알려주기**(Instruction) _ 가르침의 가장 초기 단계에는 상대가 아직 모르고 있는 내용을 말과 글로 알려준다.
>
> • **Step2 : 시켜보기**(Rehearsal) _ 시범을 보여주고 가르쳐준 것을 실제로 행동으로 시연해보도록 한다.
>
> • **Step3 : 고쳐주기**(Feedback) _ 실천과정을 잘 지켜보면서 잘한 점은 칭찬해주고 문제가 있으면 수정보완할 점을 알려주고 격려해주면서 다시 1단계로 돌아간다.

많은 기업체에서 학습효과를 증진시키기 위해 '3인 학습3Person Learning'이라는 프로그램을 쓴다. 첫 번째 사람이 두 번째 사람을 가르치고, 두 번째 사람은 실천경험을 추가해서 다시 세 번째 사람에게 가르치는 것이다. 이런 식으로 조직구성원들이 알고 있는 내용을 실천해서 다른 사람에게 가르치기를 반복하면 그 효과는 기대 이상의 파급효과를 일으킨다. 이 프로그램을 제대로 활용하면 지식만 높이는 게 아니라, 실천력도 높이고 커뮤니케이션 능력 및 인간관계 능력까지 증진시킬 수 있다.

책을 읽어라, 이해될 것이다. 외워라, 기억될 것이다. 기억한 것을 가르쳐라. 그러면 어쩔 수 없이 실천하게 될 것이다. 배우고 싶은 분야가 있다면 그 주제로 글을 써보자. 1년에 몇 권씩의 책을 출간하는 필력이 대단한 작가 한 명은 언젠가 이렇게 말했다. "저는 알고 싶은 분야가 있으면 그 주제로 책을 씁니다. 글을 쓰려면 어쩔 수 없이 그 주제에 대해 공부할 수밖에 없기 때문입니다." 정말 멋진 발상이 아닌가. 이렇게 배우고 싶은 분야가 있다면 그것을 주제로 글을 써보고 그 내용을 누군가에게 가르쳐주자. 많이 아는 사람만 가르친다거나 전문가만 글을 쓴다는 고정관념에서 벗어나자. 가르치다 보면 배우게 되고 글을 쓰다 보면 전문가가 될 수 있다.

다이어트에 성공하고 싶다면 다이어트 비결을 알려주자. 새로운 습관을 자기 것으로 만드는 가장 좋은 방법은 누군가를 가르치며 그의 코치나 멘토가 되는 것이다. 실행과 관련된 책 10권을 읽는 것보다 누군가에게 실천방법을 한 번 가르치는 게 훨씬 더 실행력을 높여준다. 그대가 반드시 실천하고 싶은 것은 무엇인가? 가르쳐주고 싶은 사람은 누구이고 가르쳐주고 싶은 방법은 무엇인가?

Stop: 바꿔야 한다고 생각하면서도 바꾸지 못하고 있는 나쁜 습관들을 찾아보자.

_____

_____

_____

_____

Think: 그중에서 누군가를 가르치면서 고칠 수 있는 습관 한 가지를 찾아보자.

_____

_____

_____

_____

Action: 실행력을 높이거나 습관을 고치기 위해 누구에게 어떤 내용을 어떻게 가르칠지 정리해보고 당장 첫 번째 작은 일을 실천에 옮겨보자.

_____

_____

_____

_____

그들을 도우며 내 문제를 잊었다 ···

남: 자살하려고 했거든. 그 정신병원이 내 생애 최고의 장소였어.

여: 의사들이 잘해줬나 보지?

남: 아니, 환자들의 도움을 받았어. 그들을 도우며 내 문제를 잊을 수 있었지.
그렇게 몇 차례 환자들을 도왔고 말할 수 없는 희열을 맛봤어. 루디라는 환
자를 화장실에 갈 수 있게 도와주며, 평생 처음으로 내 문제를 잊을 수 있
었지. 이건 정말 놀라운 경험이야.

실존인물인 헌터 아담스를 그린 영화 〈패치 아담스〉에 나오는 대사이다. 헌터
아담스는 불행한 가정환경에서 자라 자살 미수로 정신병원에 입원하게 된다. 삶의
방향을 잃고 방황하던 그는 그곳에서 한 괴짜 노인 환자를 만나 영감을 받는다. 그
리고 기발한 방법으로 다른 환자들을 도우면서 처음으로 자신이 누군가에게 도움이
될 수 있다는 것을 깨닫는다. 그로 인해 삶의 목표를 찾고 동료환자들로부터 영혼을
치유한다는 뜻을 가진 '패치Patch'라는 별명을 얻고 퇴원한다. 그는 이름까지 헌터
패치 아담스로 바꾸고 의대에 진학해서 병든 신체뿐 아니라 상처받은 영혼까지 치
유하는 의사가 되었다. 그리고 버지니아 서부에 의료혁명의 메카로 불리는 게준트하
이트(Gesundheit, 독일어로 '건강'의 의미) 병원을 설립했다.

내 문제를 해결하기 위해 내가 도울 수 있는 사람은 누구이며, 그로부터 배울
수 있는 것은 무엇인가?

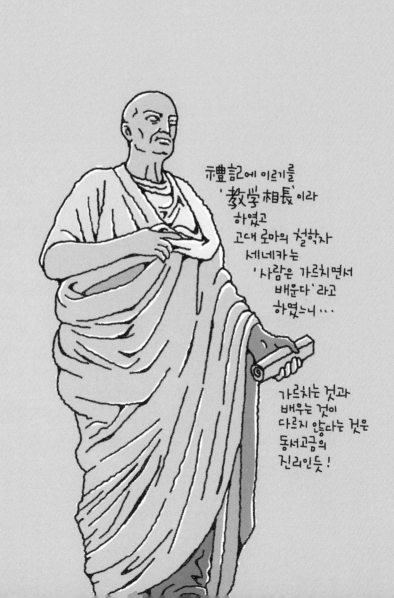

禮記에 이르기를
'教學相長'이라
하였고
고대 로마의 철학자
세네카는
'사람은 가르치면서
배운다'라고
하였느니···

가르치는 것과
배우는 것이
다르지 않다는 것은
동서고금의
진리인듯 !

읽고, 느끼고 그리고 잊어버리고…

인간관계 관련 서적을 산더미처럼 쌓아놓고 읽어도 도무지 인간관계가 개선되지 않는 사람들이 많다. 읽고 느꼈지만 책장을 덮는 순간, 잊어버리기 때문이다. 자기계발 세미나에 수도 없이 참석하지만 도대체 계발의 여지가 보이지 않는 사람들도 많다. 역시 듣고, 느끼고, 강의장을 나서는 순간 곧바로 잊어버리기 때문이다. 결과적으로 실천하지 않기 위해 책을 읽고, 실행하지 않기 위해 강의를 듣는 사람들이 너무 많다. 이 책을 읽고 역시 뭔가 느꼈지만 아무것도 실천하지 않는다면, 그것은 이 책을 통해 '결심하고도 실천하지 않는 법'을 배우고 훈련하는 것과 같다.

'구슬이 서 말이라도 꿰어야 보배'가 되듯 아무리 많은 시간을 투자해서 책을 읽고 아무리 많은 것을 느낀다 해도 그것을 행동으로 옮기지 않으면 아무 소용이 없다. 꿈도 비전도 실행이 따르지 않으면 환상에 불과하고 아무리 분석력이 뛰어나도 실행하지 않으면 부자가 될 수 없다. 표현하지 않은 마음은 아무리 아름다워도 포장까지 해놓고 건네지 않은 선물과 같고 실행되지 않은 아이디어는 아무리 창조적이라도 무용지물이 되고 만다. 실행력은 목표를 가시적인 성과로 이끌어내는 연결고리이고 우리의 운명은 우리의 실행 여부가 좌우한다.

내 책을 읽은 독자들로부터 들을 수 있는 말이 딱 한마디만 허용된다면 나는 이런 말을 듣고 싶다. "이 책을 읽고 그동안 미루고 있던 일 한 가지를 드디어 실천했다." 그리고 또 한마디가 허용된다면, 시간이 많이 흐른 다음 이런 말을 듣고 싶다. "그때 책을 읽고 실천했던 작은 일이 계기가 되어 내 인생이 이렇게 달라졌다."

나는 독자 여러분이 내 책을 읽고 1,000가지를 생각하기보다 딱한 가지만이라도 실천에 옮겨주기를 간절히 소망한다.

혹시 아직도 자신을 실행력과 끈기가 부족한 사람이라고 자책하고 있지는 않은가? 그렇다면 걸음마와 자전거 타는 것을 배울 때를 떠올려보라. 지금 걸을 수 있고 자전거를 탈 수 있다면 결코 의지박약이 아니다. 지금 걸을 수 있고 자전거를 탈 수 있는 것은 넘어지고 일어서기를 수도 없이 반복하면서도 포기하지 않았기 때문이다. 이 책을 읽는 독자 여러분 모두에겐 그런 실행력이 있다.

"모든 환자에게는 그 안에 자신의 의사가 잠재되어 있다. 우리 의사들은 그들 안에 잠재되어 있는 의사로 하여금 스스로 치유할 수 있는 기회를 제공하기 위해 최선을 다할 뿐이다." 알베르트 슈바이처의 말처럼 여러분 모두에게는 여러분만의 위대한 능력이 잠재되어 있다. 이 책이 독자 여러분 안에 잠들어 있는 능력을 행동으로 실행하게 해주는 지렛대를 제공해줄 수 있다면 정말 좋겠다.

한 번 읽는 것으로 끝난다면 그 책은 아무런 가치가 없다. 여러분은 이 책을 모두 읽었다. 책을 다 읽었다면 책을 덮고 잠시 생각할 시간을 가진 뒤 스스로에게 이렇게 물어보자. "첫째, Why? 나는 왜 이 책을 읽기로 했는가? 둘째, What? 이 책을 통해 얻은 것은 무엇인가? 셋째, How? 이걸 어떻게 활용할 것인가?" 그런 다음 책을 펴서 자신이 남긴 흔적을 중심으로 다시 한 번 천천히 훑어보자.

그리고 당장 실천할 수 있는 작은 일 한 가지, 너무 간단해 도저히 실천하지 않을 수 없는 작은 일 한 가지만 찾아보자. 오늘 밤 12시가 넘기 전에 꼭 실행에 옮겨보자. 너무 거창한 일이면 안 된다. 그것은 작심삼일로 가는 지름길이기 때문이다. 한꺼번에 모든 것을 바꾸겠다는 의욕을 자제하자. 중도포기의 원인이 되기 때문이다. 내일로 미루고 싶은 유혹을 뿌리치자. 이것이야말로 변화의 가장 큰 걸림돌이기 때문이다. 작은 일 한 가지만 선택하자. 그리고 오늘 당장 실천하자. 내일도 모레도 그 다음날도 매일 한 가지씩만 실천하자.

너무 머뭇거리지 말고 궁금한 게 있으면 수업 중에 손을 들어보고 좋아하는 사람이 있으면 만나자고 전화하자. 속으로만 품지 말고 잠자는 아이의 머리를 쓰다듬어주고 아랫사람에게 먼저 인사하자. 너무 분주하게 살고 있다면 당장 휴대폰 전원을 끄고, 방 정리를 미루고 있다면 서랍정리부터 시작하자. '지금 아니면 언제?' '여기 아니면 어디서?'라는 마음으로 당장 이 자리에서 실천하자. 그리고, 이것이 습관이 되게 하자. 점들이 모여 선이 되고 모든 변화는 작은 실천을 반복하는 사람에게 일어난다.

시인 존 그린리프 휘티어John Greenleaf Whittier는 이렇게 말했다. "이 세상에서 말과 글로 표현할 수 있는 가장 슬픈 단어는 '~했더라면 좋았을 텐데'이다." 나는 독자 여러분이 삶의 여정을 돌아보며 간간이 이런 슬픈 단어를 중얼거리면서 한숨을 쉬는 일이 없었으면 좋겠다.

대신 세월이 흐를수록 "그때 ~했으니 얼마나 다행인지 몰라"라고 말하면서 흐뭇한 미소를 지을 수 있는 일이 점점 더 많아지기를 소망한다. 후회는 아무리 빨라도 늦고, 시작은 아무리 늦어도 빠르다. 우리를 원하는 곳으로 데려다주는 것은 생각이 아니라 행동이라는 사실을 절대 잊지 말자.

1%라도 남 다르게, 1%라도 어제와 다르게 매일매일 하루 한 가지씩 실천하다 보면 여러분의 머릿속에 금방 이런 생각이 자리잡게 될 것이다. '~을 해냈다면 ~도 할 수 있다.' 그리하여 조만간 "어느 날 아침 일어나보니 내가 유명해졌더라"고 외쳤던 시인 조지 고든 바이런George Gordon Byron처럼 이렇게 환호할 것이다. "어느 날 아침

일어나보니 내가 완전히 다른 사람이 되어 있네! 우리 집 분위기가 이렇게 달라지다니! 내가 하는 비즈니스가 이렇게 엄청날 줄이야!"

어제와 다른 내일이 되고 남과 다른 삶을 살고 싶다면 반드시 충족시켜야 할 전제조건이 있다. 어제와 다르게 생각하고 남과 다르게 행동해야 한다는 것이다. 하루 한 번이라도 습관적으로 하던 일을 멈춰보자(Stop). 그리고 그 일에 대해 딱 1분만이라도 생각할 시간을 갖자(Think). 그런 다음 1%만 어제와 다르게, 1%만 남과 다르게 실행하자(Action). 이 일을 선택하면 어떤 일이 일어날까? 그리고 그 일은 어디로 이어질까?

"물을 바라보는 것만으로는 바다를 건널 수 없다"는 라빈드라나트 타고르Rabindranath Tagore의 말처럼 삶을 바라만 봐서는 결코 원하는 것을 내 것으로 만들 수 없다. 책을 다 읽고 난 다음, 여러분이 오늘 실천한 그 작은 일이 그려나갈 삶의 궤적이 궁금하다. 그 일이 여러분의 삶에서 좋은 일로만 이어지는 첫 번째 시작점이 되기를 간절히 소망한다. One Day! One Thing!

독자 여러분의 실천결과를 환영합니다.
lmk@ajou.ac.kr